U0576894

青少年校园美文精品集萃丛书

成长同行系列

成长是
回忆沙滩的足迹

《中学生博览》杂志社 选编

时代文艺出版社

图书在版编目（CIP）数据

成长是回忆沙滩的足迹 /《中学生博览》杂志社选编. — 长春：时代文艺出版社，2021.3
（青少年校园美文精品集萃丛书. 成长同行系列）

ISBN 978-7-5387-6569-4

Ⅰ . ①成… Ⅱ . ①中… Ⅲ . ①作文－中小学－选集 Ⅳ . ①H194.5

中国版本图书馆CIP数据核字（2020）第257433号

出 品 人　陈　琛
产品总监　邓淑杰
责任编辑　王金弋
装帧设计　孙　利
排版制作　隋淑凤

成长是回忆沙滩的足迹

《中学生博览》杂志社　选编

出版发行 / 时代文艺出版社
地址 / 长春市福祉大路5788号　龙腾国际大厦A座15层　邮编 / 130118
总编办 / 0431-81629751　发行部 / 0431-81629755　北京开发部 / 010-63108163
官方微博 / weibo.com / tlapress　天猫旗舰店 / sdwycbsgf.tmall.com
印刷 / 三河市嵩川印刷有限公司
开本 / 880mm×1230mm　1 / 32　字数 / 135千字　印张 / 7
版次 / 2021年3月第1版　印次 / 2021年3月第1次印刷　定价 / 36.00元

编　委　会

Contents

目 录

成长是回忆沙滩的足迹

走过青春的笑忘歌

走过青春的笑忘歌

破衣裳

我会付钱的

余小鸭背着厚重的行囊闯进地下通道的时候，似乎不小心被什么声音打断了。

她皱了皱眉头，到底是什么东西，好像忽然拉住自己不让自己走了呢？身体往后退了几步，转身便看到——原来是有人在唱歌。

那人一直低着头，拨弄着吉他上的弦，余小鸭只能隐隐约约看到他的眼睫毛很长，不过他拨弄吉他的手真是好看，洁白修长，余小鸭忍不住盯了好久。

弹吉他唱着歌的少年，忽然抬起头看了余小鸭一眼，吓了余小鸭一跳，可他什么都没做，也没有说，便像没事人一样继续唱下去了。

这是最后一首歌，少年唱完就准备离开，余小鸭忽然有些慌乱，总觉得不能就这样让他走了，便赶紧迎了上去，拦住了少年："喂，你就要走啦？"

少年抬头，着实是一张令人惊艳的脸，干净秀气，他问："你在这儿待了很久了吧，现在已经很晚了。"

自己的确是一不小心就待了很久，一不小心就被好听的声音和好看的手指吸引住了，可是那又能怎么样？余小鸭索性昂起头，"别看我了，反正我没钱给你！"

兴许是听到这样风马牛不相及的回答，少年愣了一下，马上哈哈大笑起来，"没钱给的话，为什么不离开？"

余小鸭莫名地红了脸，显得很窘迫，"听了你这么多歌，我会给你钱的，喂，我叫余小鸭，明天再付你钱！"

"哈？小鸭？鸭子？这真的是你父母给你取的名字吗？"

余小鸭气得冒火，这个名字被太多人嘲笑过了！有必要一听到就大惊小怪的吗？

少年微笑着转了身，只留下暗自发怒的余小鸭，其实这是一只可爱小鸭子呢，大约是自己在街头唱了这么久的歌，第一个这么认真地听自己的歌，还扬言一定要付钱的人了。

那厢，余小鸭还不忘在后面大喊："还有，明天我一定会付你钱的！"

画手的加入

少年第二次回到地下通道的时候，竟然看见余小鸭睡在了过道里，不禁皱皱眉，这里这样脏，怎么能睡？于是上前推了推她，"余小鸭？你怎么睡在这里了？"

余小鸭揉了揉眼睛，表情里依旧是倦意，看到少年，便忽然笑了，露出洁白的牙，"昨天晚上没有车了，所以就没回家，怎么样，我现在也算是流浪者了吧。"

其实余小鸭没有说，她身后的行囊原本是要带着她去远方的，可是昨天那一不小心的驻留，让她迫不得已改变了自己的计划，于是只能像个流浪汉一样睡在狭窄的地下通道。因为担心不安全，所以一整晚都睁着圆溜溜的眼睛，直到天色渐白才敢眯眯眼睛。

少年懒得管太多，坐在通道的板凳上，自顾自地抱起了吉他，轻轻弹拨了起来。余小鸭起初也是在一旁认真地听着，后来索性也搬来了一张板凳，坐在了少年的旁边，手里拿起了画板，画着什么东西。

大概是流浪歌手和流浪画手的组合颇有新意，于是吸引了比往常更多的人前来驻足。吉他盒里的零钱，很快就满了起来。

余小鸭得意地朝少年微笑，"怎么样，我不错吧？"

少年却高兴不起来，他哪里在乎吉他盒里的钱是多是少，只是忽然有一个人莫名地参与到自己的生活中来，很不习惯。

"你画的是什么？"少年转移了话题。

余小鸭拿出画板，上面竟然是少年的侧面，"不好意思我骗了你，我根本没有钱，这幅画当抵押，怎么样？"

其实这幅画的画工真的很不错，每一个细节都处理得很好，可以看出作画者应该是受过专业的训练的，可是这个余小鸭，怎么感觉让人有点儿捉摸不透？

再说，又没有规定听流浪歌手的演唱就一定要付钱，余小鸭怎么看都有点儿奇怪。

少年接过画，看了看余小鸭身后笨重的大背包，联系到她的古怪行为，探究着问："余小鸭，你是不是离家出走了？"

余小鸭被人识破，吐了吐舌头，这是自己第一次离家出走，带出来的钱全被黑心的小偷偷走了，碍于面子又不能回家。好吧，这些都不算什么，余小鸭坚信自己有办法可以克服，她也不是吃素的，可是她没有想到，在离开的途中，遇到了少年。

"事情就是这个样子，反正我也可以画画，画手和歌手的组合更有人气不是吗？今天你也看到了，才半天就有了平时一天的收益吧……"说到这里余小鸭咽了咽口水，试探着问少年，"那么，可不可以让我加入你？"

少年面无表情，害得余小鸭心头一紧，可他已经背好了行囊，淡淡说了一句："至少你今天应该回家了吧？在这过夜没人保证你的安全。"

余小鸭还没反应过来，少年已经走远了。他说的最后一句是什么来着？好像是……

"还有，我叫姜路音。"

那我们开始演出吧

余小鸭真的冒着各种挨骂挨打的可能性回了家，可是她万万没有想到，迎接她的既不是挨骂挨打，也不是关怀备至，而是残忍的现实。

老爸老妈终究还是离婚了，即使自己用离家出走作为威胁，他们还是分开了。

"老爸，你们怎么可以这样？"仿佛是问出一个究竟，到底是出于什么原因，才能让他们抛弃了自己？

余爸一脸抱歉，抱着小鸭，"小鸭这两天去哪个同学家了？爸妈的事情对不起你，可是，我们没有办法改变现实，即使我们不在一起了，依然永远是你的爸妈，永远爱你。"

小鸭奋力推开爸爸的怀抱，"还说是我的爸妈？还说永远爱我？我这两天根本不是去哪个同学家了！我是离家出走了！离家出走懂不懂？"

余小鸭什么都没拿就又跑了出去，眼泪哗哗往下流，她没办法接受和自己一起生活了那么多年的父母，说分开就分开，没办法接受曾经将自己视若珍宝的父母，如今连自己消失了两天都不清楚。

姜路音看到哭得稀里哗啦的余小鸭的时候，手里的动作停了下来，放下吉他，摸了摸余小鸭的头，"小鸭子，怎么了？"

余小鸭哭得更凶，哪管自己形象如何，幼稚与否，把眼泪鼻涕一个劲儿地往姜路音身上蹭，蹭到无法无天。姜路音叹了一口气，索性让余小鸭把头埋入自己的胸膛。

那样契合的怀抱，让余小鸭忽然就感动了起来。

她忽然从姜路音的怀抱中挣了出来，一脸正经地说："鸭子是适水动物，她刚刚其实只是在放水，没哭。"

姜路音"扑哧"一下笑了出来："鸭子，其实——你只是太好强吧？有些事情，你并不是不能理解。"

从理解到能够接受，中间总隔着那么一丝不甘愿和太好强，可是时间就是有那样一种魔力，到了最后，什么都将被磨平。

余小鸭不明白姜路音话里的意思，可是她却无比明白，她第一次为姜路音驻足，绝对不只是听到了悦耳的歌声那么简单，她好像……听到了她自己。

声音能够传播的有太多，譬如爱，譬如恨，譬如喜欢，譬如失望。余小鸭听到的仿佛是来自她心底很深很深的声音。

姜路音笑了笑，"鸭子，那我们开始演出吧。"

少年的琴弦

总体来说，余小鸭和姜路音的双流浪组合是绝对成功的，并且会一直成功下去，如果不是出了那件事的话。

在一天内，有形形色色的各路人马围观他们两人，没有留下一分钱，并且用打量的眼光看着姜路音。

一个高高的瘦子终于忍不住说出话来："唉？这不是S中鼎鼎有名的姜路音吗？平时趾高气扬得没话说，现在怎么沦落到这儿了？"

余小鸭用余光瞟了一眼这个满脸麻子的瘦子，皱了皱眉，他们这种状态是沦落吗？自己始终不这样认为，那是自己向往的随性以及自由。

另外一个人推了推瘦子，"别这样说，瘦死的骆驼比马大，小心他用同样的招数对付你！"

不知道为什么，围观的同龄人越来越多，大多是混混一样的打扮，似乎都是和姜路音认识的样子。

余小鸭实在忍不住，停下了手中的笔，站起身来，朝着这一群人大吼："请你们离开好吗？不要挡在我们前面，我们还要表演！"

瘦子打量了余小鸭一番，煞有介事地点点头，"喂，我说，你还不知道姜路音是哪路人吧？我们可是找了好久才找到他的……跟你说吧，姜路音呐，他其实是……"

忽然一声断裂的弦音响起，是琴弦断了，刺耳的声音让大家侧目，姜路音放下了手上的吉他，洁白修长的手指上多了一条红色的印痕，压低了音量，"闭嘴！"

瘦子却不知好歹，反而笑了起来，"你也会怕别人说？你打伤老师烧了试卷，成天欺压别人的时候，怎么不怕别人说？"

"你给我闭嘴！"姜路音真的生气了。

余小鸭却忽然明白了什么，难怪会觉得姜路音弹出的声音浸入到她心底，他们果然是一类人，同样在学校无法无天，在内心里却渴望着什么的人。意识到这点，余小鸭却释然了很多。

她上前一步，推了推瘦子，脸上却带着微笑，"嘿，要是你不想被我也以同样的方式对待的话，就快滚吧！姜路音是哪路人，我便是哪路人！"

瘦子着实大吃了一惊，个子娇小的女生说出来的话竟是那么有底气，虽不是有多怕她，可是不知怎么的，便不想多管这一遭闲事了，"姜老师出院了，你回学校吧。"

只留下一句话，那群人便离开了，余小鸭望着姜路音的脸，微微发怔。

还有什么比这个邀请更让人欢喜呢

后来，余小鸭才彻底知道，姜路音是个不折不扣的叛逆少年，打架惹事无所不能，那个被打伤的老师，不是别人，正是他的妈妈。

姜路音说，自己仿佛一夜之间长大，忽然就觉得以前的自己很是可耻，可是现在却没办法面对曾经犯下的错。

他在那个地下通道待了快一个月了，唱那一首《笑忘歌》好多遍了，从来没有一个人认真听过，直到余小鸭的到来。

余小鸭的到来，很像是一种催化剂，让原本坚持不住的某些东西倒塌，让关在堡垒里面的东西露出来了。或许自己早就想要改变了吧，只是缺少那么一个契机，而余小鸭的到来，无疑促成了这一点。

余小鸭依旧死皮赖脸，"走走走，我们一起去医院，看看姜老师。"

姜老师大约是刚出院，看到姜路音的时候微微一愣，余小鸭看到，她的眼泪都快流出来了。

余小鸭悄悄地退下，走远了，她不想去关心姜路音犯过什么错误，她知道他们都是一样的人，一样叛逆张扬又渴望被爱，一样心地善良却佯装冷漠——虽然这样说很自恋，可是自从听到那个声音的那一刻起，她就认定了。

是姜路音改变了自己吧，兴许还没有人知道，自己从来不会有耐心在某一个地点停留那么久，也没有人知道，自己能安然接受一个人的怀抱，没有人知道，自己不知不觉变得柔和起来。

同类相碰撞，如果好运气地没有爆炸，或许会互相融化吧。

而且，其实不大识水性的小鸭子大概已经喜欢上唱着好听歌曲的姜路音了。

这样想着，余小鸭便笑了。刚好姜路音也走了出来，朝她摆摆手。

"假如我回学校，你也会回学校吗？"姜路音问。

余小鸭笑得更开心了，还有什么比这个邀请更让人欢喜呢？

最后的演出

姜路音和余小鸭最后一次在地下通道演出，来来往往的人很多，他们没看见，唱着歌画着画的少年，垂下的头发之后，是带着笑容的眼睛。

余小鸭的爸爸也来了，他是受到了邀请的，那一天余小鸭回家，忽然和他说："老爸，我不离家出走了，让我继续念书吧！"说完便扑在了他的怀中，撒着多年未撒的娇，仿佛一下子从刺猬变成了小白兔。

旁边另外一位也听得入神，眼神之中都是爱。姜路音自从惹了事之后便消失不见了，那一次惹得校长差点儿要开除他，他却自己先逃了出去。算起来大概有一个月不见了吧，可是现在，他像是忽然成熟了，从以前的乖张叛逆，到现在的温柔懂事。这是自己一直坚持的信念，姜路音即使没有父亲的管教，也一定会长成一棵参天大树。

这一次，余小鸭画的不是姜路音的侧面，也不是他弹吉他手指的特写，而是有着温柔眼神的爸爸、妈妈。

"际遇真是一种很奇妙的东西啊！"余小鸭歪了歪头，而后，她在姜路音耳畔悄悄做嘴型，说着什么东西。

姜路音什么都没听清楚，回了回头，看着余小鸭绯红的脸，仿佛明白了什么似的，露出了好看的笑容。

他们共同唱起了那一首《青春的笑忘歌》。

唱一首属于我们的歌，让我们的伤都慢慢地愈合，明天我又会是全新的，青春是手牵着手坐上了永不回头的火车。

每一个曾经里都是你

骆　可

1

陈祖宁退学了。

这消息像颗原子弹一样，一下子在高二·三班炸了。夏晓用失望的眼神望了眼宋凯后，快步追了出去。

夕阳下，陈祖宁的背影像部老式失真的电影，在镜头前渐行渐远，模糊到只能在记忆中找寻。

其实像陈祖宁这种人，退学简直就是人生必经之路。让人意外的是他的退学原因。

陈祖宁大概除了长得帅，身上再没任何值得炫耀的优点。可光就这一点，就让他在女生心中足够闪耀。

除了夏晓。

开学第二周，夏晓就将陈祖宁桌洞里的东西从三楼直接扔了下去。

彼时，作为新分班的团支书，夏晓负责收集班里同学的情况，包括兴趣爱好。走到陈祖宁身边，公事公办问他对养宠物感不感兴趣。他收起手上的本子，低头沉吟道："可以考虑。"

这个陈祖宁，她早有耳闻。

在初中时，就有女生为他大打出手。到了高中，那更是更上一层楼。所以，对于他这种人，她是有多远躲多远。

"那你想养什么？"她已经准备在表格里写下小猫小狗之类的动物。

结果陈祖宁抬起头，淡淡地视线聚焦在她脸上，然后慢慢吐出两个字。

养你。

2

陈祖宁要养夏晓的传闻已经过去了半个月，仍不时有女生站在走廊里指指点点。

"那个就是三班夏晓啊！"

"也没看多出色啊，陈祖宁怎么会喜欢她！"

"可听说是真的，当着那么多人的面说要养她！"

夏晓恨得牙痒痒，真想冲过去告诉那些女生，你们愿意让他养你们去好了！我才不稀罕当他家宠物！

她当然不会天真地以为他真的喜欢自己。事实证明，她的认知是正确的。

半学期还没过去呢，陈祖宁的身边就围绕了班里女生的半壁江山。班主任找到她，让她去找陈祖宁谈心。

"夏晓，作为班干部，特别是团支书，你要团结同学，帮他们走过一些可以避免的弯路……"

班主任的语重心长还语音萦绕呢，陈祖宁又在逗小姑娘们开心了。

他反身坐在课桌上，眯着眼故作神秘地问："知道为什么古龙的小说人物爱以数字命名，尤其是奇数，比如朱十七、萧十一郎、燕十三吗？"

女生们用带有崇拜感的眼神期待地看着他，"为什么？为什么啊！"

"因为——"陈祖宁四顾了一下，突然发现远处的夏晓。

"因为我也不知道啊！"说完哈哈大笑起来。

女生们看见板着脸的夏晓，顿觉无趣，哄散着快快离去。夏晓走回自己的座位，说放学后你等一下再走。

陈祖宁从课桌上下来，从后面捅捅她，"你不会是想放学后约我吧！"

顿时，夏晓觉得答应班主任找陈祖宁谈话，就是个错误！

果然，放学后，有女生从门口探进头，问："陈祖宁，放学一起走啊！"

陈祖宁吊儿郎当地收拾着书包，语气轻佻地说："不了，我约了新的美眉！"

夏晓酝酿了半天，想要怎么开口。

"夏晓同学，你约我不是就为了和我多待一会儿吧！"陈祖宁嬉皮笑脸地问，"不过我倒是不介意！"

夏晓气结，"难道你将来就不想考一所好的大学吗？"

陈祖宁拽了一棵身边的小草叼在嘴里，懒洋洋地回道："不想。"

"那你没有理想吗？"

"有啊！养你。"

"陈祖宁！"夏晓一下子火了，"你能不能正经点儿！"

"好啊！"陈祖宁丢掉手里的小草，突然眨眨眼，凑近她，"你难道不想知道为什么吗？"

夏晓愣了半天，才反应过来是下午那个关于古龙小说人名的问题，转身就走。

陈祖宁在身后喊："你真的不想知道吗？因为想给人一种很难除的感觉啊！"

很久很久以后，夏晓都记得那个傍晚。

天色将暗，新月初露，陈祖宁推着单车在后面用力摇着手臂，声音在风里远远地飘过来，有着说不出的欣悦。

她竟然，抿起嘴，笑了起来。

3

课间，有女生在讨论何以琛等了赵默笙七年。陈祖宁从后面冷冷地接道："可你们忘了，孙悟空等了唐僧五百年，这才是真爱啊！"

所有人哄堂大笑。正好班主任经过，失望地看了眼正掩嘴偷笑的夏晓。夏晓忙假装低头改试卷。

在老师眼里，像她这样的好学生就应该和宋凯并肩，而不是倒戈在陈祖宁的阵营。

哦，宋凯。

宋凯和陈祖宁是截然不同的两种人。

沉稳、内敛，是学校红榜上让人羡慕的对象，连好看的相貌里都带着超然的气质。

而对于陈祖宁这种差生，各科老师宁愿他们睡到海枯石烂，省得影响其他人。可睡着睡着，这家伙竟然变成了葫芦娃！

那呼噜声实在让老师忍无可忍，用粉笔头一扔，正好落在陈祖宁头上。陈祖宁忽地从座位上站起来，叫了声"夏晓"后，又趴下去接着睡过去。

于是，拜他所赐，继要养她之后，她又成了众矢之的。

从那以后，夏晓的车胎就会隔三岔五地没气，然后陈同学就会出现在"护送"她的小路上。

夏晓在前面推着车子，不理他。他说我唱首歌给你听吧！清了清嗓子，却半天没声音。等夏晓回头，四周除了影影绰绰的树影，哪还有他的影子！

夏晓颤着声音喊了声，陈祖宁！回应她的只有一两声野猫叫声。她突然想起晚自习时，陈祖宁讲的那些鬼故事。

手心开始冒汗，心也跳得扑扑快，连腿都发起软来……"陈祖宁！陈祖宁！你跑哪儿去了！"等到陈祖宁出现时，夏晓已经快哭出来。

"只是想吓吓你，没想到这么不经吓！"看夏晓半天不出声，陈祖宁伸手在她面前晃了晃，"哎！你没事儿吧？"

夏晓推开他，没好气地问："车气该不是你放的吧？"

昏暗的路灯下，陈祖宁在后面踩着夏晓的影子，"如果我说是呢？"

第二天，夏晓本以为陈祖宁会大谈特谈她昨晚的"光荣事迹"，结果却发现他一堂课都在朝窗外望。

只要他不捣乱，没人会在意他做什么。

奇怪的是，整整一上午，他都在干同一件事——那就是，一直望着窗外，像窗外能长出花来一样。

等放学铃声一响，他像箭一样冲了出去，夏晓还在祈祷今天车胎千万别又没气时，陈祖宁拽着一个女生的手腕回到教室。

那女生可能被拽疼了，惨白着一张脸，嘴里喊着你放手你放手！陈祖宁半点儿没有以往的绅士风度，把女生使劲儿一扯，扯到夏晓面前。

"以后车子再没气，就把她送到教导处！"周围哗一声围满了看热闹的人群，那女生恨不得找个地缝钻进去。

原来他一上午都是在找放车气的人？他似乎并没有看起来那么玩世不恭。

4

为了不再有甲乙丙丁女生跑来向她寻仇，夏晓主动申请将陈祖宁从身后调走。

陈祖宁一面收拾着那些基本没翻过的书，一面唱着老得掉牙的歌。"为什么一阵恼人的秋风，它把你的人我的情，吹得一去无踪……"

夏晓用一种"劈你的雷已在路上"的眼神目送他安营扎寨到宋凯身旁，而前一秒，陈祖宁轻声附在她耳边，说："你还不知道吧，我和你一样，喜欢的其实是宋凯！"

夏晓一口血涌上来。

没错，她是喜欢宋凯。没有哪个女生会不喜欢一个品学兼优，还很好看的男生。

至于宋凯，他会在发卷子时，在她身边多停留两秒。会在体育测验时，提醒她跑完八百米不要立即喝水。会在大雨天，将大半边伞倾过来。

"夏晓，你将来想考哪所大学？一起努力去清华吧！"虽然只有这看似无关紧要的话，却成了最动听的声音。

第二天，陈祖宁却意外感冒了。

课间休息，有男生问他昨天不是带伞了吗？怎么却淋感冒了？陈祖宁喷嚏连天地趴在桌子上，"借宋凯了。"

原来伞是陈祖宁的。

当陈祖宁抬起头朝她眨眨眼时，夏晓突然有种奇怪的念头闯入脑海。难道他是看见自己没带伞吗？知道就算借给她她也不会要？

自从他调走后，夏晓就和他划清界限，她不想再被人误会。尤其是宋凯。

宋凯似乎也并不喜欢他这个新同桌。

刚一下课，就拉着陈祖宁讨论起大革命再晚十年，世界会怎么样？一看陈祖宁那表情，就知道他肯定在想世界怎样关我屁事。

宋凯显然是故意想让他出糗，"那你对伏尔泰有什么看法？"

伏尔泰？夏晓有些幸灾乐祸地想，他大概只知道福尔康吧……

果然，陈祖宁抓起椅背上的校服，不耐烦地说："伏尔泰是还珠格格里那家伙吗？"

有人已经笑出了眼泪，夏晓掩嘴小声咕哝："人丑就该多读书！"

自取灭亡说的大概就是夏晓这种人。

只有半天课的周六，刚放学，陈祖宁一把拽住夏晓衣袖，"你陪我去图书馆！"图书馆？陈祖宁要去图书馆？该不是睡一上午睡糊涂了吧！

可是，为什么要让她陪他去图书馆啊！宋凯可约了她，那是他第一次约她，她怎么能失约呢！

夏晓被一路硬拖着去了校图书馆，理由是她上午污辱了他的智商，就得对他负责！

可他哪里是来看书的，夏晓坐在那里生闷气，他就一个劲儿地瞅她。最后给夏晓瞅急了，"你再不看，我走了！"

陈祖宁没办法，随便翻开一本书，政史地，三百页全是字儿！看上去就很贞烈难征服的样子，刚翻了不到五分钟，就开始昏昏欲睡。

夏晓没好气地捅醒他，"手机用一下，我打个电话!"下课走得急,手机落在教室,她可不希望宋凯误以为她故意失约。

可是,为什么在她下意识输入自己手机密码,她名字拼音时,居然——解!锁!了!

她疑惑地看他,陈祖宁有些慌乱地把脸别向窗外。"别问老子,老子也不知道怎么回事!!"

5

陈祖宁出现时,夏晓正一个人趴在寂静的实验楼二楼栏杆上,只有阳光透过樟树的枝丫落进来,斑驳一片。

"你干吗?"夏晓被人从后面突然一拍,吓得直接跳起来。

陈祖宁轻轻一跃,坐到对面窗台上,有些不自然地轻咳两声,"那个,昨天的事,你别有负担,我只是脑子短路顺手设的,不信你看!"

似乎为了证明什么,陈祖宁把手机掏出来,果然这次密码换成了班里佟小雁。

夏晓不高兴地瞪他,"你跑来,就是和我说这个?"

"不然呢?"陈祖宁瞬间又恢复了二世祖的面貌,坏笑着问:"你该不是希望我说喜欢你吧!"

说完,不等夏晓抢白,突然十分严肃地说道:"你最好离宋凯远一点儿!"

对了，宋凯。

夏晓不知道为什么要隐瞒自己失约是因为陈祖宁，大概是不想麻烦吧。误会这东西是越解释越解释不清。

宋凯倒也没追问原因，说等了一会儿，没见到她，就回了宿舍。

"那你找我……"夏晓吞吐道。

宋凯微笑地看着她，"只是想和你走走。"

想和你走走……

夏晓用了一个下午的时间，来反复咀嚼这短短七个字的含义，连化学老师叫了她两次，她才神游太空般站起来。

她开始埋头苦读，连下课的时间都用上，以她的成绩，离清华还有不小的距离。

她不知道该不该这样去拼命，她已经累到连续两个月没来大姨妈，她的脸色灰败得像教室里的墙壁。

当宋凯看似无意问夏海涛是你堂叔，她点头。宋凯说你要多注意休息，我很关心你时，她觉得这一切都值了。

是的，她要考取清华，和宋凯一起。

可陈祖宁却越发不学无术起来，不是上课睡大觉，就是下课逗他的那些妹妹们。

有人问他女生学大提琴和钢琴哪个更容易培养气质？他很认真地想了想，然后意味深长地说道："长得漂亮吹唢呐都行。"末了，加一句，"像夏晓。"

好吧，她已经不知道该如何解释。

终于再有女生跳出来问她到底喜不喜欢陈祖宁时，夏晓咬牙切齿地表示，她就是喜欢街边的癞蛤蟆，也不会喜欢陈祖宁！

于是，她看到了陈祖宁那略略失望的眼神和落寞的背影。

她并不讨厌他。她只是有种被误会久了的烦！她希望陈祖宁可以站出来，告诉大家他并不喜欢她，她只是他闲来无事时的消遣。

可这一次，陈祖宁没有像以往那样，吊儿郎当地说："你就是花钱让我喜欢你，还得看我有没有空呢。"

他死死地盯着她，盯得夏晓拔脚要逃时，说："如果她们说的是真的呢？"

怎么会呢？

他不学无术，他万花丛中过片叶不沾襟，他在清冷的月色下说："夏晓，宋凯他接近你另有目的！"

很久的以后，夏晓都会想，如果她当时选择相信他，而不是冷冷地问他："那你的目的呢？"结局会不会有所不同？

大概那个时候，他就知道他说什么她都不会信！

没错，她不信那个给她鼓励，给她信心，在她想放弃时捏紧她肩膀说"难道你不想和我在一起吗"的宋凯会另有目的。可她更不相信家境不坏的陈祖宁，会去偷窃！

她透过人群，透过宋凯那张刚正不阿的脸，看到那个曾说要养她的陈祖宁，以及被搜出的一千块钱。

他站那儿，不否认，也不辩解，只是对着那些或错愕或惊诧的妹妹们，吹了声响亮的口哨，仿若只是破坏课堂纪律被罚站的学生。

彼时，宋凯正向保卫科科长详细叙述事情的经过。他是怎样将东西落在宿舍，怎样意外看到陈祖宁，怎样发现床铺下两个月的生活费不翼而飞……

陈祖宁冷冷地看着他，眼神里透着不屑。

结果显而易见。

一个是革命英雄王二小，一个是狼来了。

夏晓不相信陈祖宁真的会去偷窃，可她想破脑袋也想不明白他为什么会出现在那里。

6

宋凯并没因为夏晓的求情，而向学校说这一切只是误会。他说夏晓，你不能因为他喜欢你，就去纵容！

是吗？他真的喜欢自己吗？连宋凯也这么认为了吗？

不久前，她还是那么害怕，害怕让宋凯误会，误会她和陈祖宁。可夕阳下，陈祖宁的身影被晚风拉得那样长，她竟有种不舍的感觉。

前一秒，他还凑近她，嬉笑道："你这个样子，会让我误会的！"

夏晓很想像很多次那样，轻轻送他一个"滚"字，可话到嘴边，却变成为什么？

为什么他要去宋凯宿舍？为什么他什么都不辩解？为什么只留给她一个萧索的背影和一张字条。上面只有三个字：夏海涛。

没有陈祖宁的日子，时间过得飞快而宁静。班里开始挂起了高考倒计时，一向内敛的宋凯，竟在最应该埋头冲刺的时候向夏晓表白了。他说："我们会一起去清华的对不对？"

夏晓愣在那里，没来由地心慌。

她不敢去验证，她怕这一切都是真的，怕那些细小欢喜、清浅美好都是假的！更怕这些天不由自主落向宋凯身边的目光，都是因为那个已经空掉的座位——陈祖宁。

当夏晓把她堂叔的身份证递到宋凯面前时，他的表情是那样复杂。里面有意外、不可置信，更多的是不甘心！

这大概就是事情的全部原因了吧。

他无意中知道她堂叔叫夏海涛，故意接近她，他的日记被陈祖宁发现，陈祖宁警告他离夏晓远一点儿，他伴装肚子疼让陈祖宁去宿舍里帮他拿药……

没人会信一个品行败坏的人的话。

而宋凯，虽然考取清华并不是没可能，他只是想多一个万无一失。让他没想到的是，这世上会有那么巧的事！

她堂叔——夏海涛，竟与手握清华保送名额的夏副校长，同名同姓。

　　只是，陈祖宁你为什么要那么傻？为什么不亲口告诉她原因？为什么要让她亲自去揭开这一切？

　　时光恍惚回到夏晓问陈祖宁对养宠物感不感兴趣那天，清晨的第一缕阳光温暖而明亮地洒下来，他认真地坐在桌子前，一笔一画写着字。

　　他写：我第一次见你，是在对面实验楼的二楼，你站在逆光里，倒垂着头发在看天。那一刻，我就喜欢上你。

南京：致我们终将逝去的青春

李阿宅

1

每次旅行结束后我都会有一段相当长的倦怠期，那种倦怠很难说清楚是来自体力的耗尽，还是精神的疲惫。从北京看完音乐节回来的那天晚上，我放下行李，一个人坐在窗台上抽烟，给旧时的朋友打电话。十月初的济南尚未在夏天的余热中脱离出来，楼下的烧烤摊依旧人声鼎沸，划拳声、吵闹声、谈笑声伴随着啤酒瓶倒地的声音都让我更加暴躁。我闭着眼睛，嗅着空气中让人恶心的孜然味儿近乎崩溃地说："我再也不想一个人旅行了，我真的好累。"我不是害怕一个人行走，而是难过你在异乡看到的美好没有人分享。朋友没有安慰我也没有劝解，而是叹了口气，淡淡地说："你不会的，如果你没有这些梦想，你或许活得比现在轻松。"

朋友是了解我的，果然没多久，我就再次拉上行李箱踏上了开往南京的火车。

2

来之前，我定了两张济南到南京的动车票。出发前一天晚上，我给至今不相来往的L发短信，"两张动车票，要不要跟我去南京？"你看，我始终学不会服软，即使在自己那么热烈地喜欢过的人面前。

过了许久，我盯着手机都要睡着的时候，他才终于回了过来，"你这样很烦，请别让我对你产生异样的感觉。"

我以为我会难过得无以复加，可是我竟然没有掉眼泪，只是一刻都不想得在这个让人窒息的城市，马不停蹄地改签了一个小时后的火车去了南京。

预定的夫子庙青旅就在秦淮河边上，旅社的门面小得可怜，里面却是别有洞天。在青旅一楼阳光充沛，不知道是对面哪一栋明式建筑里每天都会飘出悱恻的曲子，我坐在地上一边晒太阳，一边给朋友打电话，他们问我："你好些了吗？"

我握着手机，看着孤零零蜷缩在阳台上的那只猫突然间就不知道说什么了，这句话仿佛从听筒里飞出来凝结成一个个沉重的问号把我砸蒙。

怎么可能会好起来？曾经那么亲密地相互陪伴过。

阿布是在我啜泣完，坐在台球室心不在焉地看着一伙人打球时候进来的。这也恰巧是这个毕业环游中国的小伙子在这儿做义工的第一天。

他端过一碗泡面在我旁边旁若无人地吃着。我不可思议地看着他。他大概感受到我的目光，抬头冲我嘿嘿一笑，"下午去明孝陵露营，补充点儿体力。"

"有学生证么？门票有点儿贵啊？要是能帮我借一个我也想去。"原本明孝陵不在我的计划之内，看过清宫十三陵、孔林之类的墓园之后，我对花钱参观这种景点彻底失去了兴趣。

阿布那双灵动的眼睛在镜片后闪着狡黠的光，"美女，你从来没有逃过票吗？"

于是一行人浩浩荡荡毫不低调地逃票去明孝陵。

提前做好攻略的小伙伴们带着穿着裙子的我，沿着盆景园的道路找逃票的小路。地上落满了枯叶，踩在上面发出吱吱的声响，如果是平时我一定大为赞叹一番，可是前方道路曲折谁还有心情抒情啊。小伙伴们看着逐渐明晰的小路，开玩笑说："世界上本没有路，走的人多了也便成了路。"

我对着老天爷哀叹，我到底被灌了什么迷魂药竟然跟着这群疯子逃票。可是最让人崩溃的还不是曲折难行的道路，是爬墙跳进景区内！

明孝陵景区外围开始是由栅栏围成，往后走就是围墙。阿布他们找了一块地势较高的位置，说是比较容易上墙。围墙的四周枯木纵横，有的树木倾斜着生长，刚好在地面和围墙上架起了一座木桥，几个平衡能力较好的小伙伴已经跃跃欲试站在树上准备往前走。而我，仿佛像个围观者惊呆地目睹着这一切。

阿布站在树上看着张着大嘴的我，他打量了我一下，忧心忡忡地看着我的淑女裙和靴子，过了半天才说："阿宅啊，你这身衣服真不适合翻墙。"

浑蛋！人家原本是想美美地出来旅行拍照陶冶情操的，谁想到会遇上你们这群疯子啊。

我看了看墙上下脚的凹槽处，又看了看直通城墙的木桥，为了形象考虑，我还是选择跳到了树木上。

我不想描述自己从树上摔下去的窘相，也不想评价当我骑在城墙上进退两难时，阿布同学仰着头一脸善良地说"跳吧，我接着你"是多么天真的行为。我看着小伙伴们一个个都毫发无伤轻松地从墙上跳下去，天生恐高的我真的是不知所措。

阿布他们幸灾乐祸地坐在地上，嘴里含着根草仿佛在马戏团看戏似的，"跳啊，跳啊，没问题。"那一刻，我是真的感受到了人生的艰难以及世态炎凉啊。

阿布看着我的模样哈哈大笑了几声后，一脸严肃地说："跳吧，我在下面接着你。"

我真的相信他会接着我，眼一闭，心一横地跳下去之后，我就那么惨烈地跌坐在地上。临行前新买的过膝袜沾满了枯叶不说，关键是被树枝划破了！场景真是惨烈。这个下午真是毕生难忘。

3

看过《致青春》电影。对东南大学充满了向往，来到南京，怎么能不沿着《致青春》的路线走一走。毕竟，这是一部给我带来许多感动的电影。2011年开始，我喜欢上L，于是开始了倒追的生活，但是很可惜，我没有郑微那么勇敢，他也不是陈孝正。片子给我太多太多的共鸣，来南京，来找寻电影里的场景，也是此行最美妙的一段时光。

电影开头的时候就是东南大学道路两旁郁郁葱葱的树木，南京，这个场景确实太常见了。随处都是法国梧桐。我们一边走着一边寻找着电影镜头里的那些踪迹。我想也许每一天这样的故事都在这个地方默默地上演。学长们渴望着学妹，而远处正巧飘来一个丁香一般的姑娘，她就这么走过，走过，走过他们的身旁。

不知道谁提议要去他们学校食堂吃饭，于是我们不要脸地立刻摇身一变成了东南大学的学生。我们开年龄最长的老高的玩笑，说："叔叔，您是读博的吧？"

老高特无耻地指了指年龄最小的我说："是啊，你没看见带着孩子来的。"

东南大学是真的美，走在里面仿佛置身于二十世纪八十年代的感觉。我们在足球场边上坐了许久，谁都不说话，就那么静静地看着场地上一个个挥汗如雨的身影，我们仿佛看到了《致青春》里面每一个角色，也看到了每一个走在青春里面的我们。那种感觉真是舒服。不知道过了多久，老高站起来，拍拍屁股说："走吧，下午两点钟还有课呢。"

阿布曾经理想的学校就是东南大学，如今故地重游满满都是遗憾，他回头望了一眼学校说："明年一定要考进来。"

我扑哧笑了，声音故意发嗲地说："学长，加油。"于是一群纷纷离开了学校的老男孩儿、老女孩儿站在十月末的东南大学击掌发誓："明年我们大家都要考进来！"可是我们都知道，这个叫作"学校"的地方就像那些在我们青春里渐渐走远的人儿一样，再也回不去，而我们也只能远远观望。

4

　　会来南京，有一部分原因是L，这是他来过的城市。我依旧记得他当时给我讲述南京之行的时候，充满光亮的眼神。

　　离开南京的前一晚上，我坐在青旅昏黄的灯光下发了一条说说："而我，应该是你恰巧流浪过的地方，于是，我想去你的目的地看一看，也想看看你的家乡，以及那些你分别流浪过的地方。"访客里有他，却没有留下只言片语，我知道，我们从此以后真的只是陌路人了，而我也不会再提起你。

　　时间就是这样，我们明明踏进了同一条河流，而此河流已非彼河流。我们走过同样的地方，我也曾走过你走过的路，但我们总是不能相遇。我们之间，隔着的，是或许要超越光速才能回到过去的时间。

回忆这件小事

越过一片海是你在的港湾

倩倩猪

我是祝茜茜，在我的生活里，有两个人，比朋友多一点儿，比闺蜜少一点儿。

我与她们两个，在不同的时间空间里进行着二人帮厮混，直到有一天，我做了个重大的决定。

二人帮瞬间变成了如今的三人行。这样的关系让我一度有点儿头疼，心里隐隐有条寂寞难耐的小虫撕咬着我的敏感神经。

淑女的外表下住着一个女神经

那是在一个炎热的夏天过后，各个高校的学生在军训里死里逃生般得到了一丝喘息，祝茜茜拿着文教报的社团报名表参加了第一轮的淘汰赛。

两百参赛者优择三十人，祝茜茜毫无悬念地拿到了下一轮的参赛资格。

最后一轮比赛定在了当天晚上七点，祝茜茜坐在多媒体教室的最后一排，手心微微冒汗，只有八个名额，就算是作文基本满分，小说刊登见报也不一定就能入选吧。

文教报里人才济济，祝茜茜主修的是新闻专业，按照她大大咧咧有些张扬的性格本应首选第一社团广播站，但某次KTV聚餐之后，祝茜茜发现自己五音不全连着也莫名讨厌起自己的声音来，于是为了扬长避短，暂退幕后选择了文教报。

祝茜茜是最后一位演讲者，她此刻正安静地坐在后面看倒数第二位的演讲，她愈发感觉到了一种紧迫感。

台上是一个打扮得像洋娃娃的女生，浑身上下被一种淡淡的粉色包围，拉直的长发刚刚过肩，头上戴着一个夸张的粉色蝴蝶结。祝茜茜暗自低语，伪淑女，这样的女生她是断然看不上眼的。

女生一开口，幽默细胞就从她那小小的身体里迸发出来，她先是丢给了评委一个问句："你们有人知道襄阳吗？"

大学的学生大多来自五湖四海，区区一座小城没听过完全不足为奇，评委一致摇头。

女生站在台上笑靥如花，声音很轻但足够每个人听清楚她的发音，"不知道襄阳没有关系，你们有人知道诸葛亮吗？"

评委们给了回应，女生继续站在台上介绍道："诸葛亮曾被刘备三顾茅庐，那个茅庐就在襄阳，大家好，我叫聂小彬，来自襄阳……"

祝茜茜不禁也被逗乐了，原来是一个地方的呀，顿时感觉亲切了几分。

文教报候选名单出来的时候，祝茜茜刚从食堂打完饭菜，她站在教学楼下看着那张红纸黑字的大海报，赫然地印着八个名字，她和那个叫作聂小彬的女生一样榜上有名。

"哇，天啊——"祝茜茜只觉得身后突然一个尖锐的女声，紧接着自己的肩膀被重重地压了下去，然后刚打的饭菜砰砰随着惊讶声落地。她回头，是那个戴着粉色蝴蝶结的聂小彬，一脸无辜地看了看大海报又看了看地上的饭菜，僵硬地开口："对不——起啦，我请你去外面吃炒菜如何？"

"女神经。"

祝茜茜记得，她当时是这么回聂小彬的，她完全没有想到，那么乖巧的外表下竟然隐藏着这么有潜质的女汉子特质。

于是两人一见如故，相见恨晚，迅速地成了知己。

女生好起来腻歪得比情侣更胜一筹

高中时期，祝茜茜便已认识唐雪娇了，但对她的印象有点儿说不清楚的古怪。

当时，祝茜茜是个艺术生，不是美术生，不是音乐生，哦对的，是个比农民伯伯还要辛苦的体育生。选择体育这条路原因有二，一是她家纯属工薪阶层，无论美术或者音乐都是烧钱的专业；二就是她成绩一落千丈这事赖不得别人，是她自己喜欢上了一个不良少年耽误了学业，她觉得必须以此来惩罚自己长个教训。

在体育队里，有个比祝茜茜长得魁梧却跑不过她八百米的女生李阳阳，两人因早操一起在厕所里躲避八百米长跑而结成了盟友。

李阳阳说，唐雪娇是除了她姐姐以外对她最好的女生了。

下午练习三角障碍的时候，祝茜茜便见到了李阳阳口中的唐雪娇，她提着大包小包的零食来犒劳她们。由于李阳阳在练习手比较脏，众目睽睽之下唐雪娇上演了一场喂食表演，惊呆了祝茜茜和她的小伙伴们。

私下，有人笑着讨论，你猜，她们是不是拉拉？祝茜茜不置可否。

唐雪娇对李阳阳好得有点儿过了头，是在祝茜茜某一次训练完后准备回寝室洗澡时发现的。

体育生强度练习辛苦归辛苦，福利还是有的，比如早自习可以提前打热水回寝室避免排队，比如中午可以比其他班级提前赶到食堂就餐，比如晚上可以练习过后提前回寝室洗个热水澡再回教室上晚自习。

当时，经过两小时的劳累训练后祝茜茜第一个冲回寝室准备洗澡，隐约听见洗澡间传来哗哗哗的流水声，她心里嘀咕道，我去，居然有人比我还快一步。

祝茜茜挑了几件换洗衣服来到了洗澡间，映入眼帘的不是体育队的任何一位成员，而是唐雪娇正在帮李阳阳洗衣服！

思绪过三，祝茜茜尴尬地退了回去，不等唐雪娇开口便笑着点头，哦我懂得，我会保密的，不对，我什么都没有看见。

此后，这件事在祝茜茜的心里便有了阴影，她忍不住戴着有色眼镜看了这两人暧昧了一年之久。

直到高考结束，在祝茜茜放弃体育成绩玩命地恶补文化课考上现在就读的这所大学后，真相在一次告别聚餐上终于大白。

唐雪娇和李阳阳属于好得可以穿一条裤子的闺蜜，前提是李阳阳能套进唐雪娇那26码的牛仔裤，至于那次洗衣服事件是因为两人打赌唐雪娇输了便愿赌服输。祝茜茜没有这样子的闺蜜，她仅有的朋友也是泛泛之交，所以她一时理解不了原来女生好起来比情侣还要腻歪。

这次，祝茜茜和唐雪娇进入了同一所大学并且住进了同一间寝室，而李阳阳被邻省的大学录取，为何祝茜茜有点儿大祸临头的感觉？

难道是惧怕了唐雪娇的十面温柔陷阱？

好吧，后遗症作祟。

公主病到底是不是病

聂小彬有严重的公主病。

当祝茜茜发现时，为时已晚，她们已经成了整天厮混在一起的两只蚂蚱，并且是拴在一根绳上的那种。

文教报社长在经历了为期一周的考察之后，给祝茜茜和聂小彬派下了第一个任务，采访校篮球队队长许极北，听说是本省今年的理科状元。

"聂小彬，你真的不去吗？"祝茜茜拿着许极北的第一手资料站在聂小彬的寝室门口，不可思议地看着躺在床上做着面膜的人，这不是她们两个人的任务吗？干吗让她一个人去面对那块千年寒冰啊？

"茜茜，我头疼——"聂小彬一脸痛苦状，连带着把面膜都挤得褶皱了。

祝茜茜无语地抚额，"这个借口你昨天已经用过了。"

　　篮球场外，这已经是祝茜茜第二次来堵许极北了，许极北却完全没有想要接受采访的意愿。无奈之下，祝茜茜编了个谎话，她说这次的采访关乎他第一学期的学分问题，再说接受采访也不会少个半斤八两的，搞不好从此一跃成为校园红人也说不定呢？

　　许极北可能是真的烦了，他皱着眉头反问道："我长得很像急于一炮走红的样子吗？"

　　祝茜茜上下打量了一番，许极北目测身高一米八以上，脸型好看，手指纤细，皮肤健康小麦色，篮球技术无可挑剔，再加上理科状元的头衔，就算不报道也该被众人皆知的模样。

　　于是，祝茜茜殷勤地回到了学分问题上，"那你应该也不想因此影响学业吧？"

　　果然是单纯的小孩，许极北迟疑了一会儿，缓缓开口："这次聂小彬不是和你一起采访吗？她人呢？她什么时候和你一起过来，我什么时候接受采访。"

　　许极北说完回到了篮球场，祝茜茜站在原地足足发呆了半个小时，她刚刚是从许极北的嘴里听到聂小彬的名字了对吧？

　　十五分钟后，祝茜茜火速赶回了聂小彬的寝室，她一把掀起聂小彬盖在肚子上的小毯子，充满八卦的眼神里绽放着五颜六色的光晕，就连声音也跟着阴阳怪气起来，"许极北是你初恋男友？"

见聂小彬一脸惊讶状，祝茜茜当她默认了这种关系继续了自己的推理，"所以之前你装病也不肯去采访，要是让我去采访我的初恋，我肯定也拉不下脸的，没事，我懂。"

祝茜茜一脸我都明白的表情，接着就变了脸色，"不行，许极北点名要你去才肯接受采访，这可怎么办？"

聂小彬忍住了中间打断祝茜茜说话的冲动，等面前的推理家推理完毕之后，满脸好奇地问道："你到底听谁说的许极北是我初恋啊？"

"我推理的。"

"如果让你去当侦探推理案件，估计全国人民都得当一次冤大头。"聂小彬坐直了身子，端起一杯凉水咕嘟咕嘟一口气灌了下去，喝完轻轻地说了句，"许极北是我同父异母的弟弟。"

"什么？"

祝茜茜突然间顿悟了，怪不得一样的王子病，公主病绝对不是病，是家族遗传。

太过在乎会成为无形压力

都说距离产生美，祝茜茜只看到了距离产生摩擦力。

自从李阳阳和唐雪娇两地分隔后，每每只要打电话便吵得不可开交，当然原因无非是昨天给你介绍的新歌怎么还没听，今天上课打球太忙忘记回短信，明天社团羽毛球比赛就不打电话了诸如此类。

挂了电话，唐雪娇抱了一堆零食坐在了祝茜茜的床上，声音委屈泪眼婆娑地问："我可以坐在你这和你聊会儿天吗？"

祝茜茜点了点头，"你已经坐下了。"

唐雪娇一边吃着黄瓜味乐事一边抱怨李阳阳最近对她的态度不好，肯定在她们学校找到新的朋友了，真是个喜新厌旧的家伙！

祝茜茜一度没搞懂唐雪娇的思维逻辑，她们只是闺蜜，怎么整的像情侣似的？再说交新朋友有什么不好，怎么就喜新厌旧了？不过，祝茜茜没有把她的疑问告诉唐雪娇，否则又将是一场大道理的演讲现场，她只是轻轻地问了句："为什么你吃这么多零食都不带长胖的？"

女生的注意力果然特别容易被转移，唐雪娇一听马上忘记李阳阳那茬儿了，又开始絮絮叨叨地说着自己保养身材的秘诀。

归根结底一句话，吃了零食忘了主食，能有多少营养啊，想胖都难。

祝茜茜在第一学期结束前谈了个男朋友，计算机专业的奶油小生，除了歌唱得不错，游戏也打得红了当时的半边天。

于是，祝茜茜除了上课忙社团的事还要陪着男朋友打游戏，英雄联盟她之前连听都没听说过，她一般只玩手机上的游戏连连看，尤其是情人节玩连连看，消灭一对是一对。

祝茜茜每次和男朋友在网吧都会开两台连着的电脑，男朋友玩英雄联盟，祝茜茜玩连连看。有一次唐雪娇来网吧上网玩劲舞团，刚好看见祝茜茜，上去便劈头盖脸地问了句："你们的世界观差那么远，是怎么走在一起的？"

……

这都不算什么，你能想象，每次祝茜茜和男朋友一起吃饭的时候都会接到唐雪娇的催命电话，喂，茜茜啊，你们吃完饭了吗？回来能不能帮我带份火腿鸡蛋炒饭啊？

每次和男朋友幽会，喂，茜茜啊，今天早点儿回寝室哦，李阳阳寄了邻省特产过来。

每次和男朋友看电影，喂，茜茜啊，寝室出了几只大蟑螂，你快点儿回来消灭它们吧。

顺理成章地，祝茜茜和男朋友分手了，分手前男朋友说："祝茜茜，你怎么不去和唐雪娇谈恋爱啊？"

本身祝茜茜有愧在先，她也有点儿受不了唐雪娇的太过在乎，搞得她私人空间几近为零，可听男朋友这么一说，火气瞬间唰唰上升，留下了一句："小肚鸡肠的男人，不要也罢。"

半暖的友情才是刚刚好

三人成行，必有一伤，便是内伤。

祝茜茜觉得她自己当时怎么就那么蠢，干了一件吃力不讨好还让自己憋成内伤的事情了呢？

事情是这样发生的，第二学期开学，由于旧寝室楼需要翻新，所有新生需要搬入新的寝室。借此机会，大多关系好的同学便开始了新一轮的重组寝室，祝茜茜想，一个聂小彬公主病严重，一个唐雪娇太过温柔体贴，如果把她们两人凑到一起去，或许她可以清闲一阵也说不定？

当祝茜茜分别把这个消息告诉聂小彬和唐雪娇两人时，两人均举了双手赞成，于是三人共同入住了新的寝室。

寝室是标准的四人间，祝茜茜三人入住后，最后一个名额便久久无人愿意入住，一般都是两个要好的朋友才会一起住，单独一人入住岂不成了"孤家寡人"？

三天后，最后一位室友出现，新闻专业的"哑巴"女神。

"哑巴"女神芳名贾亚亚，长得倾国倾城，就是极少开口讲话，于是被无聊的宅男人士封此称号。

贾亚亚一般不和祝茜茜她们讲话，见面打招呼也是微微一笑，平时在寝室就抱着本国外文艺书籍翻看，就连她们睡觉前讲笑话她都不带笑一下的。

聂小彬每次犯公主病的时候，祝茜茜就不讲话，交给唐雪娇用她那温柔体贴去对付，久而久之，两人关系日渐升温，大有抛弃祝茜茜之势。

周末放假，三人挎着包包一起逛超市买日用品，半路上祝茜茜肚子疼便没怎么说话，倒是聂小彬和唐雪娇有说有笑的，完全忽略了站在一旁的祝茜茜。

彼时，祝茜茜第一次有了一种说不出来的不爽感涌上心头，就像当年唐雪娇为了一点儿小事生李阳阳的气一样，她此刻也有点儿生气。

祝茜茜是不喜欢聂小彬的公主病，可是她喜欢聂小彬和她一样女汉子的性格，她们一直以来臭味相投；祝茜茜是不喜欢唐雪娇太过体贴入微的相处方式，可是她不反感生病时她的无微不至；祝茜茜明明很在乎这两个人，为什么此刻她会被"众叛亲离"了呢？

糟了，祝茜茜发现，她的用词快被唐雪娇同化了。

人家只是交了新的朋友，不是坏事，怎么就众叛亲离了？

想着想着，祝茜茜突然蹲了下来，一脸的难受地道："我肚子吃坏了，要不你们两个去逛超市，顺便把我要买的东西带一下？"

"好吧。"两人异口同声。

待两个人走远，祝茜茜这才忍痛站了起来，一脸落寞地回了寝室。难道友情也会让人吃醋吗？

贾亚亚在寝室看书，看见祝茜茜一个人回来，放下了书本，第一次主动开了口："祝茜茜，你怎么了？"

祝茜茜愣了愣，随即笑着坐了下来，"小贾，为什么你以前都不爱说话？"

两人噼里啪啦地聊了整个下午，由陌生到熟识，仅仅因为一场开导般的谈心，就像贾亚亚说的那样，其实有时候半暖的友情才是刚刚好。

无论友情还是爱情，其实都有不一样的温度，需要我们慢慢地去经营，就好像越过一片海才能抵达你在的港湾。

而祝茜茜要抵达的港湾里，住着聂小彬和唐雪娇，当然咯，还有新晋军师贾亚亚。

消失的耳洞

街　猫

我起码打过二十个耳洞

在我出生的那个临海小镇

两块钱一个

在上海的百货二楼

二十块钱一个

打下去的痛感差不多

也许你可以想象

那是怎样一枚千疮百孔的耳朵

类似诗人的心脏

或者老烟枪的肺

但我的耳朵完好无损

谁能告诉我

那些消失的耳洞

1

我随身戴着一枚硬币，在每一个我无法做出决定的时刻掏出来。他们说，抛硬币并不会真的替你做决定，而是在硬币抛出去的时候你就已经知道答案了。

我不是。

我这个人特别信命。既然硬币已经抛出去了，那么就要听硬币的。

所以我一个人还是买了M记的两个冰淇淋，连硬币都抵挡不了第二杯半价的诱惑，我有什么办法？

我排队买冰淇淋前对着橱窗里的人偶涂了个口红，跟他的嘴唇差不多一样红，橱窗的影子里我看见一个男孩儿坐在对面的长椅上看着我，他左耳上两个钻石耳钉在阳光下闪闪发光。我对着镜子里的他眨了眨眼睛，不知道他有没有看到。

一个人吃掉两个冰淇淋是会拉肚子的，所以我走到对面，问他想不想吃冰淇淋。

他很惊讶，显然还有点儿高兴，笑着问："你的眼睛怎么了？"

"我在对你放电。"

"啊我没看清楚，要不你再电一次？"

等他把我的冰淇淋吃掉了二分之一，我已经吃完了。

吃完我就得走。

就这样走掉我又有点儿不甘心。

"你看，你吃掉了我一个冰淇淋，能不能送一个耳钉给我呢？"

"耳钉？"

我小心翼翼地瞟了一眼他的左耳。

他心领神会，笑着说："这对耳钉我都戴了两年了。"

他的笑容比耳钉还要闪亮，但上帝做证，我最先看上的，真的是他的耳钉。

"要不我买一对新的送给你？"

"那算了。"

我转身走掉，一步、两步、三步。终于他还是追了上来，把小小的耳钉放在我的手心里。

我记得那天他跟我说的最后一句话是："我比较喜欢草莓味的，巧克力味太甜了。"

我说过我信命。当一个人告诉了你他的口味，就意味着你们会有很多一起吃早餐、一起吃晚餐的机会。

洗澡时看着镜子里赤裸的自己我才想起，我的耳朵没有耳洞。这不符合逻辑，我已经拥有了一个漂亮的耳钉。我一话不说走了出去，又发现之前打耳洞的那间旧旧的小店已经变成了服装店。我打电话给一个老友，问他知不知道哪里还有打耳洞的地方。他像被我吵醒，憋着一肚子气起床，骂我神经病。

我走了好远的路，才来到他说的那个地方。我在右耳上打了三个，左耳没打。

走出来的时候我发现根本不知道自己在哪里，四面八方都是差不多的人和风，我拦了一辆的士，带着耳朵上新鲜的疼痛，回到我的房间。

2

我第一次打耳洞是在中考结束的那个夏天，在一家叫满天星的精品店里。金属针穿过耳朵"啪"的一声很好听。

我老是容易误会，老板娘是不是格外喜欢我才把那张脏脏的复古墙纸送给我，为什么老师写在我作文上的评语特别长，在耳朵上打了几个洞后人生是不是从此就焕然一新了。

那时候我还从未离开过那个沿海小镇，但心里很清楚，总有一天我会走掉，随便哪一天，随便晴天或雨天。

第一次打完耳洞后我决定去见一个朋友。一个素未谋面的朋友。但我们已经认识了好几年。

我知道他喜欢听阿黛尔的歌，但不知道他的耳机什么颜色。

我知道他养着一只猫经常半夜钻进他被子里，但不知道他的猫喜欢吃什么。

我知道他也有三个耳洞，但不知道他的耳钉什么样子。

我知道他失恋了，但不知道他有没有被厨房的猫绊倒。

我知道我们都深深需要着彼此，但不知道我们都会不会谈恋爱。

我喜欢和一个人聊了很久也不知道对方的性别。

我在车站等待他的时候，每一口呼吸都像在跟空气博弈，我心跳得好快，像是同时对二百个男人一见钟情。

出现的是一个女孩儿，绿色眼影，红色短裙，尖叫着跑过来拥抱我。夜晚无声降临，路灯暗度陈仓，我走出肉体的心花怒放。

我们互相陪伴一个多月，她早晨会下楼买一份早餐放在桌子上。晚上回来看到桌子上的面包还在那里，她就会很生气，对着猫发火。然后我就会内疚，半夜我上厕所的时候，那只猫蹲在厕所门口等我。

我最喜欢的时刻是她坐在那张破沙发上弹着吉他唱着歌，我在旁边逗猫的时候。那张破沙发是我下楼倒垃圾时捡回来的，搬上七楼差点儿要了我半条命。但终究有沙发的房间才是有温度的房间。

好多次我们差点儿忍受不了彼此。她不想再拖着疲惫的身躯出门把迷路的我带回家，我也受够了她总是赖在床上。我们吵起架来幼稚得要死，她身上穿着我的牛仔裤，吵到高潮她脱下牛仔裤扔在我头上，喊着，谁稀罕啊，我还有好多条裙子呢。

我想做一个混蛋，让她回到这个房间再也看不到我。

假装她真的做错了什么事情导致无可挽回。

但我好舍不得那个在洗手间门外等我的猫，我不想让它孤零零地关在厨房里。

有一天晚上，我们喝了好多酒。

你的他变心了。

你的期待枯竭了。

黄褐色掉进黄褐色里，任你怎么用双手扒都毫不在乎。

她醉了，在阳台上抱着我哭。

她的手压着我的耳朵好痛，但我还是不敢动。醒来的时候我发现我耳朵上的耳钉不见了。她答应带我去买新的，她知道一家店的耳钉特别好看，老板品位无可挑剔。

偏偏她去买咖啡遇到了一个冒失鬼把一整杯咖啡都洒在她的裙子上，然后她就天天在阳台上打着电话教育那个冒失鬼，两个人狭路相逢一场相爱无可避免。

凌晨我去厨房找酒精给耳朵消毒，被惊醒的猫抓伤了脚踝。

她穿了新裙子，坐在那张破沙发上逆着阳光涂指甲油，我踩着人字拖想去拿酸奶，打开冰箱却看到一束玫瑰花，红得骄傲，艳得高贵，仿佛来自小王子的星球。

她的伤心都变旧了。

等她终于想起来要带我去买耳钉时，我的耳洞已经愈合了。

3

F老是用手碰我的耳朵，他看着我皱眉，好像很快乐。一次又一次，我冲他发了火。

我心里有很强烈的预感。

耳朵在隐隐作痛，很快开始发炎。晚上我痛得睡不着，又要强忍着不伸手去抓，很暴躁。

我去药房买了消毒水和棉签，耐心照顾着我的耳朵，但还是很痛，我忍不住把耳钉取了下来，忍不住用手抓了几下，抓爽了就睡着了。

我做了个梦。

梦回小时候的场景。一个小男孩儿老是跟踪我，我握着一杯奶茶，走着走着就用力地奔跑起来，却怎么也甩不掉他。我好生气，回头对他拳打脚踢。走到下一个路口，我一回头，他还在那里，笑嘻嘻地看着我的奶茶。有一天我看到他手腕戴着一个卡通手表，我觉得戴手表好酷。我假装变成他的朋友，他取下手表送给我。过了几天，他又跟踪我，我又对他拳打脚踢。他说那你把我的手表还给我，我说还就还，再跟着我就打死你。醒来我想起家里的相册有一张他的照片，我打电话给老爸叫他把那张照片烧了——这个也是发生在梦里，我好生气，不知道是气他跟踪我还是气他拿回了手表。

成长是回忆沙滩的足迹

醒来我的两个耳洞已经结痂了，耳钉穿不进去了。

我只剩下了最后一个耳洞，戴着从F那骗来的钻石耳钉。

我冲F发了火，说你再用手弹我耳朵我就杀了你。

他习惯性又想摸我的耳朵，看到我眼里的恐惧，转而摸了摸我的头。

"出门记得带伞，天气预报说这几天都会下雨。"他说。

他太不了解我了，下雨我就不会出门啦。

在他的房间里，我看了好多部老电影。醒来的时候眼睛里总是盈满泪水。我在他的床底下捡到一支马克笔，突然心血来潮在他的墙上画了一只蹲在阳台上的猫，想了想，又画了一只站在楼下的狗。

我越画越来劲儿，想象着F出门回来看到这面墙时脸上惊讶的表情。马克笔被我画没墨了，我当机立断决定出门买。果不其然，走在路上突然下起雨来。我想着楼下那只狗还在等我，把鞋脱下来淋着雨奔跑起来。回到房间我才发现，原来我的包里装着一把伞。

应该是F出门之前放进去的。

我用新的马克笔，在那条狗的嘴巴里加了一朵玫瑰。

我从来没有这么快乐过，像是一下子吃了一百桶冰淇淋，又中了一百张刮刮乐。我把自己陷进那具矩形沙发里，戴着个硕大的耳机其实没有歌在放，偶尔允许自己疯狂地想念一个人，像海里那些疯长的藻类植物，没完没了泛滥成灾。干脆把房间里的灯泡拧下来，也许我就是想要一场注定没有未来的爱，一如我想要黑夜里的街道。

4

午夜那会儿吧，电影散场了，我和阿黎走出来，冷风扑面。

这么久没见，她还是没什么变化。再冷的天也不穿秋裤，宁愿淋雨也不撑一把生锈的伞。更不正经了。抱着吉他跑去酒吧唱歌，不知所谓的啦儿啦儿啦。

曾经她问过一个男人要烟，男人把一整盒扔给了她，但烟盒里装的却是一枚蒂凡尼戒指。她想了五秒，觉得还是想抽烟。

听过一个说法，说万宝路的英文是"Man always remember love，because of romance only"的缩写。

男人因为浪漫而记住爱情。

如果这是真的，那么全世界的男人都应该记住阿黎。

她是这肮脏世俗里仅剩的一抹浪漫。

我问她，如果你在三十岁之前还没结婚就要变成动物，但在变成动物之前可以做一件人类才可以做的事情，你会做什么？

开什么玩笑！老子怎么可能嫁不出去！

我是说如果啊，如果！嫁你个大头鬼啊！你就不能关心一下人类嘛！

我真的不想关心人类，我连我家的猫都快养不起了。

她想了一下说，我会选择去电影院看一场电影。

我心一惊，为什么啊？

因为一待在那种地方我就很容易睡着，还睡得很幸福。

跟她在一起的大多数夜晚，我们游荡在深夜的马路上。

我们都没多少浪迹天涯的梦想，觉得有24小时便利店的地方就是家。24小时便利店是这个世界上多么温情的存在，在我们每一个口渴、饥饿、孤独的时刻，在我们每一个翻来覆去无法入眠的夜晚，在我们每一次漫无目的地行走。我们买得最多的是香烟、酸奶和泡面。偶尔我们也会买水果，无论走得多远，想吃水果的时候她都会走回楼下的水果摊买。

那个小小的水果摊24小时营业，总是能看到一个中年男人坐在摇椅上昏昏欲睡，通宵都能听到从房间里传出来的麻将声。

我真是想破脑袋也想不通一间看起来既不体面也不讲究的水果店为什么要24小时营业。而漫长的黑夜里又能有几个顾客，所得利润是否够他买一包烟打发无聊。

阿黎不会这么想，实际上她自己就是那种即使身上只剩二十元钱也会拿去买烟，找零的硬币扔在街头演唱者的帽子里。她有钱的时候从来不想没钱的时候怎么办，饿肚子怎么办。

我说，你不是没给过蒂凡尼的机会。

她白眼一翻，他不够帅。

坐在台下看她唱歌的时候，我满脑子都是最开始在她的房间里她逼着我帮她买烟的画面。我说活该你男朋友不要你。她说你那么母老虎以后一定嫁不出去。到现在我都好讨厌母老虎这个词，本来老虎是那么可爱又霸气的动物。她总有本事把我骂哭。

而上次见面，她陪我去打耳洞，认真地叮嘱我说："包里要随身带着消毒水，你耳朵太容易发炎了，又容易愈合。"

我说好。

我送她去机场，沉默地拥抱了三分钟。

我还看到她留在咖啡馆餐巾上的诗，是她的百无聊赖的语气。

> 我坐在阳台上的破沙发上听歌
>
> 有时被阳光暴晒
>
> 有时下雨了也没想起来要收衣服
>
> 我每天点一份外卖
>
> 同一家的皮蛋瘦肉粥
>
> 我擅长于迅速厌倦惊艳到我的东西
>
> 总是如此

5

我真的是一个很无聊的人，反反复复去打了好多次耳洞。一次次发炎结痂又无耻地完好如初。

电话里F告诉我，因为那面被我涂鸦的墙，他赔给了房东两千块油漆费。

我非常惊讶，并且有点儿高兴。

我的涂鸦也很贵的。

我还是小心翼翼地控制着自己的语气，装作漫不经心的样子，我很擅长了。装成你偶遇的一道风景，一种走路的姿态，一个门牌，一支歌里卸下的心事。

我和我最后一个耳洞回到我出生的小镇，眼角的盐也回到了海的房间。

一个清晨，耳钉又从耳朵上掉了下来。我翻遍了整张桌子把整张床倒过来，像个法西斯分子把我的房间铲成废墟，都没有找到F送给我的那个耳钉。

我内心惶恐。老妈一如既往在旁边唠叨，抱怨我有一条红色内裤和一件白色T恤还没洗。我控制不住地吼她，歇斯底里，说很难听的话，还摔碎了我最爱的那个陶瓷杯。

我想随便抓住什么塞进我的耳洞以防止它愈合，但我什么也抓不住。

因为这个失踪的耳洞，我从一个略带神经质却相当快乐的人堕落成一个暴躁、易怒、有暴力倾向的变态。

最后一个耳洞，仿佛一个预言。

他再也没有打电话给我。

6

我睡坏了他送给我的耳机

弄丢了他塞在我包里的伞

我换了新发型买了新款T恤

一点儿也不想在下雨天出门了

现在的我戴着一个硕大的耳机陷在沙发里

右耳有两个耳洞

脚踝有两三道伤口

我学过一点点生物

我知道人的全部器官用同一套DNA

那些喝醉的酒、失效的话

爱而不得的狼狈之于心脏

也是一个个自作自受的耳洞

我是说

你得习惯随身备好棉签和消毒水

训练心脏跟耳朵同样擅长自愈

你还要求质感柔软

对吗

回忆这件小事

骆　可

1

果然。

不同的人，为你做同一件事，你会感到天壤之别。因为我们在意的，往往不是那个人所做的事，而只是做事的那个人。

那时的我，在一家四星级酒店实习。

因为工作时间不让带手机，每每外线电话响，心里便会冰火两重天。

如果是我暗恋已久的 C 同学，便会满心欢喜。是姜的话，三言两语找借口挂掉。

姜是我同学的同学，第一次见面就请我们宿舍一帮人吃饭，以至于后来，我和他之间，吃饭成了最重要的联络方式。

实习时，从未告诉姜我实习酒店的地址和电话，可他早已了解得一清二楚，便常常打来电话，偶尔来看我。很少说什么，只是请我吃饭。

在他眼里，我像是八辈子没吃过饭的难民。吃饭中间尴尬的沉默，桌上一干食物便成了我唯一奋斗的目标。

我印象中的他，总是带我去吃饭。高兴时，或悲伤时。

2

对姜谈不上喜欢或讨厌。

在学校时是同学的同学，毕业后很自然地过渡成朋友，很普通的那种，又和其他人不太一样。

其他人总是有事找你时才会出现，而他，总是打来电话。

他工作上的事情，家里的事情，生活上的事情……基本上都是他在说，我在听。

他说家里给他介绍了女朋友，他说是他们那里的小学老师，他说我要不要去看看。

我说你当然要去看啊！为什么不去？

他说了句"哦"作为结尾。

后来，再打来电话，还是说些琐事，末了加一句："我去看了，挺好的。"语气里听不出悲喜。

这次换我说了句"哦"后，挂了电话。

并不觉得失望。一开始就没打算让他当备胎还是怎样，只是当他电话越来越频繁地打过来，越来越絮絮叨叨他新女友的事情时，突然就有了种被当作倾诉垃圾筒的排斥，更有种被缠久了的烦。

3

我开始不接外线电话。告诉同事，如果来电话的人是姜，就说我不在。

对于那些很弱智的理由，他从不计较，依然打来电话，不厌其烦。打到后来，其他人都开始倒戈，说你就接一下会死啊！

确实不会死。

我以为他会揭穿，会责问，或者说些什么。

他什么也没说，像过去一样，淡淡地说些琐事，好像之前的一切从未发生过。而前一天，我还那么掩耳盗铃地对待过他。

"请问××在吗？"酒店员工宿舍的门铃拼命在叫，声嘶力竭。

我的天！竟然是姜！我用了三秒钟犹豫要不要撒谎，

然后很快战胜了道德底线。

"她不在！"飞速地挂断电话后，回屋迅速拉上窗帘，小心地窥探着外面的动静。

事后许久，他说，其实，我知道的，我知道你在里面，而且接电话的人就是你。

噢，他是知道的。

4

我和姜又恢复了朋友关系。不咸不淡。

这回换我和他说Ｃ同学。Ｃ同学怎么和我第一次相识，Ｃ同学在学校时怎么进的足球队，Ｃ同学毕业时送了我一套水晶杯子，Ｃ同学说过杯子代表一辈子……

说到后来，姜终于有了反应。

问："你很烦我吧？"

我犹豫了，可能有那么一段时间，我是有些厌烦他的电话内容，厌烦他的频繁出现。可细想，却不是真的烦他。

他从来都不是那种不知深浅、自以为是、让你无路可退的人。

我没有回答，直接挂了电话。

后来很长时间没有再打来电话，在我以为他再也不会出现时，还是见到了他。

10月11日，我生日。

夜里，抱着一堆生日礼物回来，在楼下见到看似等了许久的他。心里微有些许歉疚。

他给了我礼物，什么也没说，只是让我早些睡，便离去。

这以后的很多年，他都会记得我的生日。哪怕爸爸、妈妈、朋友，全世界的人都把我遗忘了。

他会记得。10月11日。

5

谁说过，爱是深深的喜欢，喜欢是淡淡的爱。

姜从未说过他喜欢我。

这和我遇到的其他男生不同，他们总是简单明了，如果喜欢，就恨不得立即让你打上他的标签，好生人勿近。

而姜，唯一的言语便是，我知道不可能。

不可能我会喜欢他，不可能会和他在一起。

所以，当别的女孩子说喜欢他、爱他时，他便渐渐接受。唯一一次出格的行为便是醉酒后打电话给我，说："你知道吗？她今天向我求婚了！她要跟我结婚！那个小学老师要跟我结婚！"

我在这头静静听着，不知道要说些什么。

最后，他竟然孩子气地哭了。

他说，你知道吗？如果你现在反对，我马上就跟她分手，只要你反对……

当然，我没有反对，他也没有分手，只是第二天打电话来向我道歉。说他昨天喝多了，一定是说了什么不该说的话。

我说对啊！他紧张起来，追问我他都说了什么。

我说你不但说了你的银行卡号，还说了密码！姜在电话里明显语气轻松起来，只是在挂断前，语气讪讪地说道："酒后吐真言。"

其实，他应该都记得吧。

不过，他记不记得并不重要，重要的是，他会沿着他既定的轨迹一直走下来。可能这轨迹上不再有我，不再有让他孩子气般哭泣的人。

但有什么关系呢？

这世界上总会有那么一个人，让你哭，让你笑，然后慢慢淡在回忆里。

路小胖手记

沈黎安

路崴，金牛座，绰号"小胖"，万年老好人一个，爱吃鱼子酱跟释迦，爱穿卡通T恤和日系帆布鞋。

此刻他正畏首畏尾地走在通往教室的路途中，他迟疑的每一步都充满了对人生的思考，以及对未来的憧憬，四周男生女生们热议着，他望着那个全年级独此一家的宝座，内心懵懂的感觉就像要裂开的浆果。

"就是那个路崴吗？女神的新任同桌？"

"真是一朵茉莉花插在粪池旁。"

"你好，我叫孟晴雅，以后我们要互帮互助哦。"长发落肩的孟晴雅没有丝毫嫌弃路崴的意思。

"嗯嗯，好的。"路崴翻开必修一的课本，他把头埋在半开的课本里，偷偷摸摸地瞅了温习书本的孟晴雅一眼，一想到这个风靡安城高中界，无数风马少年为之茶饭不思的女生就这样安静地坐在自己身边，路崴笑得像个童真未泯的孩子。

一个胖子的开学季

自晴川中学开始重视学生的体育成绩，原本春游一般人人趋之若鹜的体育课要开始规规矩矩地上课了。

得知此通告的路崴露出如丧考妣的神情，他敲敲自己椰子般厚实的脑袋，想尝试镇静下来。

"怎么了路崴同学？"孟晴雅瞅着路崴。

"我最怕跑步了，现在体育课改革了，唉，我真是命运多舛啊。"路崴露出一丝羞涩的苦笑，似乎那件糗事还历历在目。

"哈哈。"孟晴雅"扑哧"一声笑了出来。

路崴也矜持地笑了，只不过下一秒班长宣布的事让他立马涕泗横流——"班主任决定在这周末举行一次'开学季运动会'，有个别项目需要和同桌合作，所以烦请某些同桌是女生的同学长点心眼儿，尤其是某位行动迟缓的同学。"班长苏陌特意在"行动迟缓"四个字上放慢了语速，而后全班五十五双眼睛齐刷刷地瞥向路崴。

路崴低头不语，他像只怕生的百灵鸟被人蓄意放在灯光如昼的聚光灯下，被无数张善恶难辨的面孔盯着，那种与生俱来的自卑感被无限放大，犹如一块从天而降的陨石沉甸甸地压制着他。

几秒后孟晴雅递了张纸条给怔忪的路崴，路崴打开一看——"别担心，我们的组合一定很厉害。"句尾还有个"孟晴雅式"的笑脸，路崴上次看见这个笑脸是在福利院，那时孟晴雅一笔一画地教一个孤儿写字画画。

路崴再扭头去看孟晴雅，昏黄的灯光水银泻地般落在孟晴雅纤柔的发丝上，她干净的眉角微微铺展，恍若河田里木桨漾开的涟漪，精致的面孔让人不忍心去触摸，以免沾染凡间的尘土。

周末下午，路崴畏畏缩缩地出现在操场一端，明烈刺目的日光饱满地烘烤着翻新后的橙红色跑道。孟晴雅今天特地扎了低马尾，自顾自地在做热身运动，对着旁边几个苏陌的跟班爱搭不理。

"哟，我还以为你记得那件事，吓得不敢来了。"苏陌对着蹑手蹑脚的路崴说。

"今天路况有点儿堵。"路崴强颜欢笑着。

"正好晴雅也在这，我就帮你说了吧。"趾高气扬的苏陌盯着缄默的路崴，"初二体育课上测试800米，你一直推托着，然后在测试中途你竟然尿急没兜住，当时你隐藏得很深，幸亏被我察觉到。"路崴舔舔干裂的嘴唇，牙齿彼此攻击，迸发出恼怒的响声，他记起当时苏陌幸灾乐祸时的嚣张，女生们讥讽的笑声，以及夕照下沉默啜泣的自己。

"这很正常啊，我那时也有很多糗事，现在想想也挺好玩呢。"孟晴雅一脸的风轻云淡，似乎在她眼里臃肿的路崴也如毛绒玩具一样。

看了表上的项目后路崴如释重负，除了那个压轴的"两人三足"。但他最惧怕的还是在孟晴雅面前出丑，他怕孟晴雅突然有一天厌恶他，开始对他置之不理。

下午五点，路崴和孟晴雅神色凛然地站在一起，哨声一响，路崴步履蹒跚地像只憨态可掬的熊猫，身形高挑的孟晴雅在一旁被路崴牵制得晃来晃去。

"晴雅同学，真抱歉，是我太胖了。"路崴额头沁满了汗，他看着气喘吁吁的孟晴雅，内心充满了自责。

"没关系，我们慢慢来，一定会赶上的。"孟晴雅给路崴加油打气，路崴没说话，但眼神更加坚定了，仿佛收获了一个无价的肯定。

他们一起呼吸，一起控制住被缠缚的腿脚，一起目视远方，他们越走越快，超越一组又一组，等返回时路崴感觉自己身轻如燕得快要脱离地面，他们最先到达了终点，可路崴一个大步把孟晴雅绊倒，自己虎背熊腰的身躯重重地压住孟晴雅纤细的左手。

他们拿了第一名，可孟晴雅却光荣负伤。

"你真是没用。"苏陌恶狠狠地瞪了路崴一眼，然后把孟晴雅带到医务室。

路崴被堵在操场一角，一个人高马大的家伙拽住他的衣领，"你小子活腻了是吧？"路崴紧闭双目，因为在他头顶上方就是一个砂锅大的拳头。

"你们住手！我受伤跟路崴没关系。"孟晴雅推开那个高个子，牵着路崴的手把他带出了操场。路崴感觉到孟晴雅的手是那么温暖那么柔软，就像已逝母亲做的那碗笋肉米线，每次想起他都会泪流满面。

一个胖子的逆袭

下学期伊始，学校就要进行体育测试，那天25班是最后一个测试，于是苏陌在隔壁班都人去楼空的情况下决定玩个小游戏。

他走到讲台然后拍击着桌面，随后那几个跟班也跟着有节奏地拍起了桌子，之后越来越多的人参与其中，像流感一样蔓延肆虐，最后他们声势浩大地唱起了《We Well Rock You》。

苏陌原以为天衣无缝，可没想到还是被人揭发了，他被班主任狠狠地训斥了一顿，他把矛头直指路崴，因为那天下午就孟晴雅和他不在。

路崴再次被那群人堵在后门口，当他以为在劫难逃时，教室外面走来四个帅气逼人的高二生，他们胖瘦分明，瞬间吸引了所有人的目光，期间还伴随着声嘶力竭的尖叫声——

"是他们！新一任文学话剧联合社四巨头，排行榜第三的治愈暖男孙望黎，排名第四的高冷帅哥乔安，排名第五的宇宙级胖子施小正，排名第九的文艺青年徐亦泷。"

　　"你，放开他。"施小正酷酷地指着那个人高马大的家伙，那家伙一愣一愣地放下了受惊的路崴。

　　"那个小家伙需要我去救赎。"施小正突然灵光一闪。

　　放晚学后路崴在校门口遇到了特地等他的施小正和徐亦泷，站在对面的两人佯装高冷，故弄玄虚地招呼着路崴跟紧。

　　远方天际夕阳衔山，暮色送走了远山的倦容，晚霞拖曳着鱼鳞般的云层，困倦的房屋被描上一层淡淡的余晖，路崴他们走在溢满晚风的街道上。

　　"你想告别过去，重拾自己吗？"施小正语重心长地说。

　　"想！"路崴眼眸里燃起了熊熊的火光。

　　"依我所见，男生最应该学的两个撩妹技能就是街舞和滑板，这样吧，我教你滑滑板。"施小正故作思考状。

　　"收费吗？"路崴追问。

　　"不收。"

　　在施小正的指导下，路崴利用闲暇时间进行着周而复始的练习，尽管他戴着坚固的防具，但是膝盖、手臂以及腰部都伤痕累累，但一想到能在孟晴雅面前挽回点儿胖子的尊严，他就觉得那些瘀青的伤口也成了他刀枪不入的铠甲。

三周后，路崴已能旁若无人地刷街，并且学会了施小正只传男不传女的那招"豚跳"，他觉得可以出师了，就信誓旦旦地去找孤身留在操场的孟晴雅，他要告诉她，即使是一个头重脚轻的胖子，也可以肆无忌惮地帅出银河系。

"喂，奕博吗？我小胖。"

"怎么了？"

"你到操场来吧，我介绍个女生给你认识。"

"哈哈，我马上就去。"

韩奕博，路崴的好哥们儿，新晋男生人气榜第一，身世成谜，一身韩流装扮，喜欢摄影与真人CS。

当男生榜跟女生榜第一同时出现时，那种情景对于安城高中界的人来讲不亚于哈雷彗星的到来，但路崴并没有多想，他一心一意展示着自己卓越的滑板技术，但其实他在众人眼里就是个昙花一现的小丑。

时光如白驹过隙，一晃就到了盛夏。那天孟晴雅在QQ里跟路崴说开学有个迎新晚会，自己想找个会弹钢琴的男生合唱那首《遇见》，但学校这样的男生本来就少，最会弹的施小正也婉拒了。

"师父，你怎么拒绝了晴雅啊？"路崴在网上找施小正。

"我这是在给你争取机会，你现在到我家来，我教你弹钢琴。"路崴没犹豫，风尘仆仆地赶到了施小正家。

临行前施小正还让路崴带着换洗衣服过来，还说徐亦泷也在，大家都是留守儿童，正好凑合着在一起过。

于是他们三个人就共处一室，施小正忙着教路崴弹钢琴的手型与坐姿，徐亦泷沉溺于写段子。到了晚上他们就一起去看新上映的电影，或者半夜去吃夜宵。

暑假接近末尾，施小正示意路崴可以行动了，于是路崴在QQ里跟孟晴雅说他会独奏钢琴，孟晴雅惊诧之余让路崴赶到学校报告厅跟她一起彩排。

晚会如期举行，路崴他们的节目最后一个出场，那时孟晴雅穿着一袭黑色晚礼服，全场立马尖叫不止，她画了淡妆，个子本就一米七三的她还穿了双垫高的水晶鞋，琴声四溢，演出开始。

他们的演出无懈可击，落幕时孟晴雅还雀跃着拥抱了路崴，当时全场呼喊着"在一起"，孟晴雅娇羞地依偎在路崴的胸间，路崴紧张地失声，但却希望时光一直定格。

晚会后，路崴和孟晴雅一起走在灯火通明的街道上，夜空中群星闪着寒光，漆黑的夜幕徐徐拉开，汽笛声打破了他们维系着的寂静，夜幕被投射过来的光亮撕扯出一道深长的口子。

"小胖，帮我一起拎着背包吧，你拿着那一头。"孟晴雅面庞有些微红。

"嗯。"路崴答允。

分别时孟晴雅把自己喜欢的一支钢笔送给了呆萌的路崴，她说是为了感谢他的友情出演，路崴心花怒放地紧握着那支笔狂奔在四下无人的黑夜里。

一个胖子的暗恋

一周前孟晴雅说要去五岛公园拍写真，因为她觉得绿柳扶岸的情景十分诗情画意，于是她让小胖请韩奕博帮他拍，可是事后他肠子都悔青了，那天韩奕博突然跟孟晴雅告白，当时路崴简直要原地爆炸，他深知韩奕博是那种异性缘爆表，但却很专情的男生。思前想后，他决定还是需要学长们的助攻。

周末清寂的晚上，路崴和施小正他们在一起吃着夜宵，进行久违的"三方会谈"。

"小胖，你可以勇敢告白，万一她对你也有好感呢。"施小正继续传道授业，"你要选一个浪漫的日子手捧鲜花去找她，而且应该保持风雅，不应聒噪。"

"我觉得可以请她吃德芙和看电影。"徐亦泷声情并茂地说着，"而且我很认同这么一句话：喜悦分享错了人就成了炫耀，难过倾诉错了人就成了矫情。"

"OK。"路崴全神贯注地听着。

路崴感觉这顿饭请值了，可是他没有告诉施小正他们，很久前他就用小号加了孟晴雅，他们还聊得挺合得来的。

"来干杯，永远十七岁，永远没心没肺！"他们一起碰杯，仿佛青春就是午夜里几个年少的身影铺陈年少的心事与年少的过往。

一周后，路崴乖巧地坐在教室里一言不发，孟晴雅看他故作深沉，决定跟他聊聊。

"小胖，春天来了哎。"孟晴雅说。

"是啊，春天来了，冬天还会远吗？"路崴心不在焉着，那句话在他嘴边如鲠在喉，他只是想请孟晴雅看电影。

"明天下午奕博说要请我看电影，你也一起去吗？"孟晴雅说完后路崴瞬间语塞，这明明是他的台词啊，还有这个时间也太巧了吧。

"还是不了。"路崴仿佛看到了几天后画饼充饥的自己。

路崴又攒钱去买了包装精美的德芙，他把德芙放好，去找在奶茶店蹭网刷微博的孟晴雅，那天孟晴雅戴着金边眼镜，穿了一件深色带数字的外衣，并且还背着她不常背的深棕色吉他包。

"小胖，我这边有份别人送的德芙，我不爱吃，送给你吧。"孟晴雅一边咬着吸管，一边把那份和路崴买的同款德芙递给路崴，路崴不甘不愿地接过德芙，他无法镇定自若，逃也似的离开了奶茶店。

愚人节那天韩奕博带着两个女生去路崴家准备去捉弄他，结果却在书橱里发现了那两盒德芙。

"小胖，我不记得你爱吃德芙啊。"韩奕博盯着书橱里两盒双胞胎一样的德芙。

"哦，有一盒是我买的，一盒是晴雅送的，她说她不爱吃。"

"不对啊，我记得她挺喜欢吃德芙的。"韩奕博疑惑地说。

路崴也搞不明白了，他望着那两盒精致包装的德芙，内心充溢着一种无法解释的感觉。

一个胖子的毕业季

离高考只剩几天了，某节自习课上孟晴雅反常地问路崴，"小胖，如果有个男生跟我表白，我答应了，你会怎么做？"

"那当然是祝福你们了。"路崴口是心非着，其实内心的真实想法是一屁股坐死那家伙，然后将孟晴雅据为己有。

孟晴雅赌气似的不理路崴了，冷战一直持续到高考后，即使在毕业聚会上孟晴雅还是没有理睬路崴。

六月末的一个晚上，路崴在查了高考成绩后陷入沉默，虽说还不知道S大的分数线，但是按往年的规律，他已经无路可退了。

他面若死灰地登了小号，准备探查下孟晴雅的情况。

"考得咋样？"路崴小号的身份是一个初中生。

"还好啦，比去年S大的分数线高。"

"那挺好啊。"

"可是我并不开心啊。"

"怎么了？"

"我刚刚答应跟一个男生在一起，他跟我报考同一所学校，可我暗恋的却是一个蠢萌的胖子。"

路崴的脸发烫着，他连捧着手机的手都是颤抖的。

"什么情况？"

"他还是我同桌呢，我怎么暗示他都无动于衷，总不能让女生主动去表白吧，有一天我问他一个问题，他的回答真让我伤心。"

"抱歉啊，我答应那个男生QQ里不留陌生人的，谢谢你这些天的陪伴。"

路崴在偌大的房间里万念俱灰，他无助地翻看着曾经的聊天记录，千言万语如眼角的水汽濒临决堤。

韩奕博又在QQ里找路崴说了他跟孟晴雅在一起的事，还说明天他和孟晴雅想请路崴一起吃顿饭，路崴鼻子一酸，以身体不适为由推掉了邀约。

午夜时分，路崴在楼下的巷口里喝得不省人事，楼上的手机铃声响个不停。

他摆正一个又一个啤酒罐，像在与孟晴雅有关的过往签订分手合约。

他没有告诉孟晴雅，他也想陪着她在S大古色古香的图书馆里邂逅飞樱如雪的早春，可是肥胖却成了他们的咫尺天涯。

他叫路崴，一个妄自菲薄的胖子，智商无下限的"小胖"，也许未来他会邂逅无数个孟晴雅般优质的女生，但愿意固执己见爱慕他，温暖着他，为他甘愿与世界为敌的孟晴雅却永远只有一个。

一个像夏天一个像秋天

一个像夏天一个像秋天

呦呦鹿鸣

线代老师画的密密麻麻的矩阵把黑板填满了，找不到继续的余地的时候，下课铃正合时宜地响了。

我放下手机准备起身，屏幕的几个字渐渐变暗：早餐放在你教室最后一排了，记得要吃。

1

你白皙的手出现在我眼前时，我便认定下了这辈子。

我站在二楼的楼梯口，第二节课间休息的时间有十五分钟。以那多出的五分钟为借口，犹豫不前。

"快点儿啊，快过去啊。勇敢点儿。"唐欣一直在我身后催促着。我翻了个白眼，做出一副"你行你上"的表情，她便乖乖地闭了嘴。

“要不我们再走近点儿，你指给我看吧。”我很无奈地看着不远处的一群男生。

“不行，不行。他会看到我的，那多难为情。”她猛地摇着头，一副誓死不从的模样。

“那我还走过去送信呢，想想就更难为情了。还是不送了……”我转过身作势要走。

“哎呀，又不是你写的，你怕什么。”她撩了撩额前的几根发，故意用话激我。

我这人最怕这个了。即使前面有坑，也会睁着眼往下跳。更何况，她说的也确实有道理。于是，一阵凉风吹过，我坚定地迈开步伐。

本聚在一起说说笑笑的男生们看见突然闯入的我，都默契地靠在了走廊的两边。我突兀地站在那儿，有脸盲症的我实在是看不出唐欣极力同我描述的那个“特别”的他。只好弱弱地开口“请问××在吗？”

周围的起哄声响起了好几秒后，一个男孩儿被推了出来站在我的面前。我微眯着我的小近视眼，想要看清他的样子。

可当这个陌生的男孩儿在我的眼前，慢慢地呈现一个清晰的影像时，我却活生生地愣了好几秒。直到四周响起的暧昧的笑声越来越不加掩饰，我才反应过来。将一封叠成心形的信塞进他手里，便赶紧离开这是非之地。

唐欣在我耳边像个老婆婆一样碎碎念："怎么样？

一个像夏天一个像秋天

他什么表情啊？不知道有没有看到我，不知道会不会答应呢？"

她两只手捏着我的衣袖晃来晃去，像极了一个刚出嫁扭捏的小媳妇。我阴沉着脸只看着路。如果能用思想去同一个人打架，那么此刻，眼前的这个女人在我心中已是鼻青脸肿！

"你怎么了？感觉有点儿不对劲儿。"她漫长的反射弧终于完成了一系列的反应，并传输给大脑中枢神经了。看出了我非常地不开心！

"唐欣同学！"我停下脚步看着她，为了控制情绪大口喘着气，"你白皙的手出现在我眼前时，我便认定下了这辈子。我记得信的第一句是这么写的对吧？"

"是啊，是不是觉得我很有文采啊。"她咧开嘴，露出长得过宽的小虎牙对着我笑。

"呵……我在那使劲儿瞪着眼寻找你心里的那双白皙的手，最后蹦跶出一个黑不溜秋的。这反差，吓得我差点儿一口唾液喷他脸上。"

"是蛮黑的。"她做出一副认真思考过后的样子对着我说，"不过，语文老师昨天不是讲到要用夸张的手法增加文章的艺术色彩。我这不就赶紧运用了一下。叫你上课认真听讲，别老盯着窗外那棵树发呆。这年头，没文化可丢人了。"

"夸张？你这叫想象好吧！不，你这就是胡说八道，颠倒黑白！"我对着她潇洒离去的背影，愤恨得直咬牙。

2

我亲爱的里脊肉，你是一块伟大的里脊肉。你是为了你的主人而牺牲的里脊肉！

教室外有一棵很大的不知名的树，正如唐欣说的我时常盯着它发呆，但不是上课而是下课，大家不要学坏。

天气渐渐转凉，我们喜欢站在外面晒晒太阳。不时有树叶唰唰地落下来，枯黄得没有一点儿水分，纹理却很清晰。只要不是轮到值日的同学都会十分喜欢它们。

我眯着眼正在同树叶间漏下的阳光捉迷藏。楼上黑压压的一片人头晃得我眼花。我扭了扭脖子，却看见一旁的唐欣站得笔直，一脸华妃娘娘看见了皇上的表情。

"嘿，班主任来了。"我伸手在她眼前晃了晃。

"啊呀。"她回过神，嗔怒地看了我一眼，也不跟我闹，而是笑嘻嘻地凑到我耳边说，"你瞧那边。"

我转过头很仔细地看了一眼空气，"什么？"

"是他，他在上面啦。"她跺了跺脚，又扭了扭身子。这几个动作一下就让我反应过来是小白，不对，是小黑！

"你看，他是不是在看我啊。"唐欣低着头说着，她平日里素有些颇为搞笑的"自信"。比如八个字概括自己的性格特点，她写得却是"倾国倾城，貌美如花"。而这一次，她不是在搞笑。她挂着笑容却没有笑开的嘴角显示着此刻的欣喜以及期待。

我难得见到这个样子的她，千年等一回的事怎能放过。我略微地瞥了眼斜上方正在发着光的小黑，点点头。"好像是在看我们这边耶。"又指了指站在我身后班上最漂亮的一个女孩儿，"你没发现这栋楼的雄性生物都在看她吗。"

"你……"唐欣拿着书，看似要和我大干一场。却突然两只手托着课本，一副很正经的模样。

"曲曲折折的荷塘上面，弥望的是田田的叶子，叶子出水很高，像亭亭的舞女的裙……"朗读的声音越来越大，偶尔夹着几声楼上传来的笑声。

我端着书本对着口型。不用看也能知道，班主任此刻正站在我的后方，很是欣慰地看着我们。

一个星期后，我捧着本讲义坐在座位上研究碳酸氢钠比碳酸钠中间多的那个"H"。草稿本上已经被我画满了化学符号，唐欣突然带着强大的气场出现在我眼前。我前排的同学默默地为她空出座位。她穿着那件拉着我逛了一下午才买到的连衣裙，坐在我的对面，眼神发散地盯着我课桌上的某个小洞。

我停下手中的笔，从抽屉里拿出手抓饼和一杯柠檬茶，慢悠悠地说："怎么了，刚约完会还不开心？"

她拿起桌上的一支笔，在手里演练出各种"高难度体操动作"。我慢慢地晃着手里的茶，表示并不着急。

"他不喜欢我。"短暂的沉默后，她终于憋不住开口，说出了一个我意料之外的答案。

"那他干吗约你见面，害得我陪你逛了一下午买衣服。"我咬出最后一块鸡柳，细细地嚼着。

她突然把笔重重地摔在桌上，特幽怨地看着我，以及我手里的饼。

"他以为信是你写的，所以答应了。看到我之后，便想退货了。"

"呃。"我一口气没提上来，打了个嗝。

"你写的信没署名吗？"

"写了名字万一被拒绝了多丢人啊。"

"不写名字，他怎么知道谁写的。"

"那你给他的时候怎么不说我名字。"她气冲冲地对着我吼。

我发现人们永远无法同一个刚失恋的女人讲道理。

为了不让我们的"革命"情感因为一个男生而产生裂痕。更重要的是，为了让我的细胳膊细腿在她那坚实的臂膀下得以存活。我把手里的饼递给了她，彼时那里边还有一块完整的里脊肉。

她咬了两口，仍有些不高兴，"没见过这么蠢的男生。"

"是，是。"我忙附和着，再将一旁的柠檬茶也递给她时，发现手抓饼里已经没有肉了。

"不是我写的能有谁？也不瞧瞧镜子去，长你这模样的能去追他吗！"她接过我的茶，喝了两口，才露出满意的笑。

3

当着那么多人的面，揪我的耳朵，就不能去办公室喝杯茶，好好谈吗。我以后还怎么做人！

我抱着一堆书走到教学楼时，发现楼上楼下都站满了人，很有当年还珠格格替五阿哥抢绣球的气氛。走近了才看清这场戏的中心，就在我们教室前。

班主任站在唐欣的旁边，以略萌的身高差揪着她的耳朵在训话。随着她耳朵上下起伏的高度，周围附和着不同分贝的笑声。

唐欣在今天上午的化学课上，捧着一本青春杂志，整整半小时都没有抬头看老师一眼，于是造就了现在这幅场景。

因为这事唐欣难过了一下午，甚至还流下了几滴泪。我反复思考都觉得蹊跷：像她这样"饱经风霜"的人，又有着天不怕地不怕的性子，怎会受不住这点儿小打小闹。

"楼上楼下全是人。当着那么多人的面，揪我的耳朵。就不能去办公室喝杯茶，好好谈吗。我以后还怎么做人！"唐欣揪着我的衣服哭诉着。

"这种事……不都习惯了吗。"我实在不知道怎么安慰她，只能说实话。

"我不习惯，我看见我喜欢的人也在三楼，他肯定看见我了。这叫我怎么习惯。"她捂着脸，继续呜咽着。

"喜欢的人？你什么时候又有喜欢的人了，难不成还是小黑？"进入高二后，为了节省时间，我搬进了学校附近的亲戚家住。许久没有同唐欣好好交流，我发现我们之间已经产生"代沟"了。

"黑什么黑，当初年少不懂事，休要再提。"唐欣严肃地瞪了我一眼，表达她坚定的立场。

唐欣因为这件事被班主任惦记了好一阵子，恰巧那段时间我的成绩突飞猛进。文理分科后，我终于展露了我"男人"的一面，成了班上的小黑马。老师也因为我们关系亲近，天天拿我俩比较，来教育唐欣。在这个人人都把别人当假想敌互相挤兑的关键时刻，老师这种不负责任的行为无疑是对我们友谊的一个大考验。

好在唐欣除了语文课沉默了点儿，化学课认真了点儿外，没有太大的改变。

4

你幸福吗？幸福就好。

唐欣在喝完一大瓶可乐和吃完几乎半个蛋糕后，兴许是发生了什么不为人知的化学反应，她站在路边大吼大叫："今天我们不回家了，我去买酒，咱们不醉不归。"

我借了同学家的钥匙，站在马路边刚同唐欣的父母打完电话，唐欣便提着两袋子烧烤出现在我眼前。

"咱们去看电视吧，今天《回家的诱惑》大结局。"她露着她的小虎牙，笑呵呵地看着我。我长长地舒了一口气，还好她手里不是两袋啤酒。

我曾经很感谢湖南卫视的电视剧都在十点开播，能让我趁着吃夜宵的时间看个几十分钟。加上下集预告和每集重播的部分，一部电视剧我也能看个大概。可今天却很是反感。

唐欣一直看到电视剧结局，坏人都死了。她兴奋地跟着片尾曲吼叫着："为所有爱执着的痛，为所有恨执着的伤。"

在这期间，她吃完了烧烤、同学家的几罐旺仔牛奶，和一袋旺旺大礼包。我胡乱地收拾了屋子，拖着她去睡觉。她闹着要我唱歌，我说邻居要同我们打架的。她又要我陪她说话。

我们躺在被窝里，她像八爪鱼一样趴在我身上。

"说，我是不是第一个和你一起睡的女人。"她搂着我的脖子，威胁着。

"不，你是第一个同我一起睡的男人。"我很是严肃地告诉她。

"哈哈……"她在那儿傻笑了好一阵子，在我快睡着的时候，又摇了摇我的手，"今天那个大娃娃是晚上吃饭时坐你旁边的那个男的送的？"

"嗯。"

"他是不是喜欢你？"

"他是我以前的同学，我们玩得比较好……"

"他是不是喜欢你？"

"嗯。"

我嗯完之后，周围便安静下来了。我已经是半梦半醒的状态时，她又问了一句："你幸福吗？"我继续敷衍地"嗯"了一声，翻了个身，寻了一个舒服的姿势，渐渐地进入了梦想。迷糊时，听见她在耳朵边说了句："生日快乐，幸福就好。"

对楼的大钟敲了十二下，我已经彻底睡着了。我没有听到她最后说的："他也喜欢你，他们都喜欢你。"

5

　　我讨厌说话不看别人眼睛的人。这感觉像是真正的人没有同我讲话，而是拿着一个假木偶敷衍我、欺骗我。

　　等到我意识到了唐欣的改变时，她已经习惯每天花一节课余时间往我座位跑一趟。她不像以前一样，跑过来对着我声情并茂地讲段好笑的事情，而是静静地坐在我前面，喊一声名字。等我抬头看着她时，她却不看我。她盯着我桌子看，准确一点儿是盯着我桌子上的作业看。那眼神我很熟悉，但那并不是我所熟悉的唐欣的眼神。她一边看着我的"桌子"一边说着一些无关紧要的话。我却一直认真地看着她，我怕我一眨眼就漏掉了她看我的一瞬间。可是并没有，直到她起身离开她也没有认真地看我。

　　"我讨厌说话不看别人眼睛的人。这感觉像是真正的人没有同我讲话，而是拿着一个假木偶敷衍我，欺骗我。"我总是对着别人这么说。

　　我可以无视大多数人的这种行为，在竞争越来越激烈的环境中，很多事都能给予理解。可是当主角变成唐欣后，我便无法控制地钻起了牛角尖。

　　黑板上的排名表是我们最关心却又不想看的东西，日子久了，努力维持的那个微笑也变得尴尬。

　　这种改变是别人发现不了的，但却经过了很长时间的积累在我和她心里慢慢滋生。我们不需要吵架，便越走越远了。

高中时代最后一次看见她是在毕业聚会的时候，唐欣提着个酒瓶子到处喊着："来来来，你喝一杯，我喝一瓶。"晃悠了一晚上，手里还是那个瓶子。我本想着同她喝一杯，可是我这么想着，却走到了外头。我不知道那天为什么那么冷，风吹得我直想流泪。

外面站着几个男生对着我说："来，同学。说不定就最后一次见面了，拥抱个。"说着张开手臂朝我走过来，我踢了他们一脚，再挨个地握了握手。

没过多久大家都陆续地出来了，忙碌地安排着送女同学回家。我也记不清那时被"分配"给了谁。走的时候，回头看了好几眼。好不容易在一个垃圾桶旁边看到唐欣，她正握着酒瓶蹲在地上，对着一个垃圾桶，手悬在空中，"来，干杯。"

然后，我就一步步地离开了那儿。那个和我一起分手抓饼吃的唐欣，那个唱歌很难听的唐欣，那个总露着小虎牙说自己是美女的唐欣。还有三年来的欢笑与眼泪，都被留在那儿了。

6

我们手挽手地走去宿舍，就像以前我们手挽着手去上厕所一样。

桌上的电话响起不知第几遍时，我刚上完体育课推开门进来。

"姜沫，唐欣好像生病了，挺严重的。"熟悉的声音从手机里传来，说到了一个很久没被提起过的名字。我站在书柜旁，置物台上镜子里的我一动不动，一滴汗从我的额头顺着脸颊缓缓流下。

我打电话给唐欣的时候，她正在火车站准备买车票。没听清前因后果，手机里便只剩下"嘟嘟嘟"的忙音。

当天晚上，我便在学校门口看见了唐欣。她提着个大箱子，戴着一个发箍，散着头发。她漂亮了许多，看上去像个文艺女青年似的。在她没有对着我笑，没有露出那颗小虎牙之前，我的确是这么想的。

我们手挽手地走去宿舍，就像以前我们手挽着手去上厕所一样。她一直在笑，我说，你笑得真丑，她还是不停地笑。我说，你怎么不回家，她说我就突然想来看看你。

我走在大学的校园里，却有一种还在念高中的错觉。就像我身边的唐欣，她好像消失过一段时间，现在又回来了。

"你看。"唐欣穿着我的睡衣，从她的箱子里翻出了一个CT片子，举得高高地对我说。

"你牙齿，长得还蛮整齐的。"

"这是必须的嘛。不过，这不是重点。你看这，这么大块阴影。我问过我们系主任了，她说也许是肿瘤。"

"你们系主任不一定对，说不定只是长蛀牙，牙龈发炎了。明天我帮你问问我系主任。"我拍了拍她的肩膀，让她坐着说话别激动。

第二天一大早，我爬起来上课。唐欣也收拾好东西，打算回家。我同她一起下楼。

"我快上课了，不能送你了。你走到校门口，打个车去车站吧，别坐黑车。做完检查记得告诉我结果。"我同她说，她点头说好。我转身走的时候，她又叫住我。

"你不吃早饭吗？"

"没时间，我走了，你自己小心点儿。"我同她挥挥手，跑到教学楼下时，我看见她已经拖着箱子离我很远了。

上课时，唐欣发信息给我，问我在哪个教室。她说还想看我一眼，说不定就是最后一眼了。她总是爱这样瞎说话。

我等了一节课也没有等到唐欣溜进教室，只有她在教室后面留下的早餐：牛奶加馒头。

我坐在座位上吃早餐，低着头。同学问我为什么吃个早餐吃得这么悲壮。我摇摇头，从喉咙口挤出几个字：馒头太难吃了。

火焰系少女攻略记

蓝与冰

1

最近有件事让我很困扰——我被一个人缠上了。可是那个人却不是什么小帅哥或美少年，而是一个热血女孩儿兼我班的好学生代表许明嘉，让患有优等生恐惧症的我一听见她喊我的声音就不自觉地一哆嗦。

初二的同级生里几乎无人不知我祁婧超的大名，虽然表面上我看起来安稳沉默，却是出了名的有个性，毕竟能在月考上交全科白卷然后考个倒数第一的女生，除了我没有第二个了。我过惯了自由随性的生活，和身边的差生们混得风生水起。可某一天，火焰系的许明嘉却忽然闯入了我的世界，在其中点了一把火。

我再风光也比不上许明嘉，她可是榜单上的前列，却有着完全不合乎好孩子形象的热情个性。她总是风风火火敢想敢做，似乎有着永远用不完的旺盛想象力和行动力，给人的印象也永远是兴冲冲的，让人提起她时都会不自觉提高些音调。更要命的是她脑袋里稀奇古怪的想法，上课时总会提出些尖锐的问题把老师问得一愣。我还记得之前的英语课上老师讲有生命的物体的复数形式要加es，比如tomato和potato的时候，她就问了这么一句："老师，那煮熟的土豆还算有生命的吗？"

　　这么看来，总让老师陷入尴尬地步的她似乎比我更像个调皮捣蛋的差生，而且她好像对我们后排的世界充满了兴趣，从前段时间开始，一有空就跑到后面来找我聊天。我总感觉她的脑袋里住了一个奇怪的乐队，总能奏出不一样的旋律，所以其实和她聊天还是挺开心的。但我却还是一直拉着一张长脸，从没给过她好脸色看。

　　因为她那傲人的好成绩啊，想想就让人生气啊。

2

　　本来她缠着我说些无关紧要的玩笑话还不算什么，可最近，我们差生团体们正在筹划着一个大计划，万一被好学生阵营的她听到就糟糕了。不知道是不是因为最近我和许明嘉的关系走得有点儿近，我们的主参谋庞浩看我的眼神一直带着怀疑，"你不会被敌军给洗脑了吧？"

"怎么可能，你知道我最讨厌的就是好学生了，是她在单方面缠着我罢了。"我一横眉，因为被质疑了有些不爽。

"那就好，我们这次起义，暂时定在下周三下午，班主任的自习课上提出来。虽然请愿书已经写了，但现在还是没讨论出由谁来带头反抗……"

他一说到这，我们大家就都沉默了。对于我们来说，考试是最讨厌的事没有之一，我们不得不每个月在考场里憋几个小时，等着的成绩单下发再回家挨家长的一顿狠批。这样下去，我们正值青春期的脆弱幼小的心灵很受伤，所以决定打算组织一次集体反抗，抗议学校的考试安排得太多了。可提意见时大家都活跃得很，一到真的选人时就像推选谁去给老猫系上铃铛的老鼠一样都沉默了。我正犹豫着要不要挺身而出的时候，一个熟悉的声音却传了过来。

"那就由我去好了！"

回头一看，许明嘉不知何时蹭到了我身后，正笑眯眯地看着大家举着手说。我们立刻惊作鸟兽散，没想到还没实行就先被老猫的手下听到了。

许明嘉忙精神高涨地握紧拳头说："其实不光你们，我也讨厌死考试了，每次都是提心吊胆地担心成绩下降，考前又熬通宵什么的，这么劳神伤身的活动到底是谁发明的？我早就想向老师提出异议了，只是根本没人响应。"

她越说越大声，像是背景都换成了燃烧着的熊熊烈火，把我们本来四散的人都找了回来，一个个听得热血沸腾。身为好学生的她竟然也有着这么强的叛逆心，简直是说出了我们的心声，弄得一旁的庞浩感动得都想给她献花了。许明嘉像个人民英雄一样义正词严地说出最后一句："所以，我们必须得去向老师提意见才行！"

她一说完，后排的全体同学都鼓起了掌，我看着她多少有些惊讶和不爽，惊讶是她竟然在差生间也能混得这么有人气，不爽的是她把我的附庸都抢走了。

3

"我跟你说，那个许明嘉，绝对是怀着什么阴谋的！怎么会有优等生抗议考试太多了啊？考试可是他们炫耀的武器才对啊！"我愤愤地拍着庞浩的桌子说，他却根本不理我，埋头小心地写着起义计划，目光深邃得真把自己当造反派了。他头也不抬地回了一句："我觉得人家许明嘉是咱们的一伙儿人了，你想她说赞同咱们的计划对她自己有什么好处啊？果然也是她支持才会这么做的吧。"我气得想抽他的脑袋，但手还没伸过去就被人抓住了。许明嘉止低头眯眼对我笑："祁婧超，闲着呢吗？咱们聊聊天啊？"

不等我反对，她就自如地坐在了我旁边的椅子上，趴在桌上伸了个懒腰，"真好啊，总觉得你们这边特自由，你不知道我有多压抑啊。"

我撇了撇嘴，"觉得这舒服你来后面坐啊，干吗还要窝在前排。"

"我是近视眼，看不清黑板啦。你只是不喜欢我，还是对好学生意见都这么大啊？"

她还真自觉，直接就把自己划分到好学生的范围去了。我看着她，很认真地说："嗯，我就是讨厌好学生，讨厌考试，讨厌因为成绩这一点就把人分成优劣等。"

这话是真的，考试是才十几岁的我最讨厌的东西，它让我觉得自己还没来得及长大，就已经在教室里老了。

"我也讨厌它，"一向热血的许明嘉看着我难得冷静地喃喃，"小时候所有人都说我个性太活泼了，老师也说我总捣乱。可我真是想到了那些问题想去问个明白，没有捣乱的意思的。所以为了防止大家批评我，我也就每天都很认真地做笔记听课，用好成绩去做一个护身符，之前的瞎问捣乱也就成了现在的思维活跃。不过有时候觉得这样真累啊，我真怀念之前自由轻松的自己。"

我有些诧异地看着她，原来她也长着一颗淘气的坏孩子心啊。她接着说，却越说越来劲儿："所以我觉得，咱们是该想个办法来打破这些束缚了，有反抗才有解放，有革命才有进步啊！"我有些无奈地看着她，却也在心里第一次为她投了张赞同票。毕竟这样子的她比那些死气沉沉的好学生可爱多了，我还是能和她成为好朋友的吧，因为她只是一个成绩好了点儿的坏孩子罢了。

4

起草的联名抗议书很快得到了我们班半数以上的签名响应，当然大多数人也是在看了我那发自肺腑的抗议书后被感动了的。那封信里写满了我对考试这种封建制度的声泪控诉，看得大家大快人心。周三很快就在我们的期待中到来了。上午我们还和许明嘉一起做了宣誓工作，她郑重地接过信后说一定不辜负组织的期望把信递给老师，就向老师办公室走去了。

下午的自习课开始时，我们一个个都在跺着脚默默唱着《忐忑》，不一会儿，班主任就铁青着脸走进了教室，举着一个信封冷冷地说："我今天在教科书里发现，有人给我夹了一封信。我能问一下，这是谁写的吗？"

果然，事情没我们想象的那么容易，我还以为老师会在看完我的信后悔恨地哭着宣布取消周考，但现在看来，哭的人貌似该是我了。

的确，这场考试抗议活动一开始就是我先提出来的，但现在看着老师严肃的冰山脸，我却胆战起来不敢承认，生怕一个不小心就把她惹得火山爆发了。一片寂静里，一只手举了起来。是许明嘉。她高高地举起手说："老师，这封信是我写的。"

她怎么总喜欢做这么突如其来的事，热血的话这次也玩大了吧。我生怕老师会愠怒起来，谁知道班主任见是她之后，脸上的表情竟然晴转多云，微笑了起来："我就说这么有创意的事，应该就是你做的吧。正好，今天你把这封信念给大家听吧。"

这是在演哪一出，老师真的被打动了吗？我们怀着好奇竖起来耳朵，却都猜错了结局。许明嘉从老师那里接过信读了起来：

"我之前也是一个差生，没人比我更清楚薄薄一张成绩单压在心上有多重。我也讨厌考试，讨厌没完没了的习题集，可是当我真的开始有了目标并努力付出、取得了回报的时候我才明白，我恨的不是考试，我恨的，是那个不想面对而充满不安的自己。本来这就是很单纯的抉择，没有人不公平，被轻视只是因为你没有付出和别人一样的努力。而不知道自我反省却一味地埋怨考试的人，你输的并不是一次测验，你输给了自己懒惰与怨念，你输的是自己的人生。"

她说完这句，教室里鸦雀无声，连一向厚脸皮的庞浩都因为她的话惭愧地低下了头。所有人都在反思时，估计心里气愤和难过交织的人，只有我一个了。她背叛了我，背叛了我们的誓言，还换掉了我锋芒毕露的声讨书。我狠狠地咬住了嘴唇站起身，椅子腿在地板上磨出了尖锐的一声。我不管讲台上的老师，也不管正在反思的同学们，逃也似的跑出了教室，脑袋里只剩下一句话：她背叛了我！

5

我也不知道许明嘉是怎么找到我的。我本来缩在半废弃的活动教室里哭得好好的，却被她一把拉起，迎面吼了一句："你哭什么哭啊！"

我立刻被震住了。真是受不了她的思维方式了，正常人看到这一幕不是都会柔声安慰的吗？见我愣住了，许明嘉才又有些小得意地笑了："怎么样，不哭了吧。"

哪有这样的止哭方式啊！夕照的光从窗子里窜进来，将许明嘉的身影涂成橘色的，使她看起来像一只狡猾的狐狸。她忽然说："其实，我早就知道你了。"

许明嘉坐在我面前的桌子上晃着腿说："不过，你肯定不知道我。咱们是同一所小学毕业的，那时候的第一名永远是你的名字，而我则沉埋在几十名开外，当时觉得你的名字都像是在闪着金光。上了初中以后，我才开始学会用自己的努力去争取好成绩，可却再也找不到你的名字了，而后来我才发现，你其实就和我同班，却完全变成了另外一个样子，所以我才四处打听，听说了分班时的那件事。"

我当然知道曾经的自己一直排名第一时有多么的骄傲风光，甚至个性里都带了一分傲视群雄的优越感。那样自恃空高的个性自然没有几个交心的好朋友，我唯一的好朋友叫许静，她也是唯一一个一直陪在我身边、听我讲故事的人。我很重视她，甚至选择这所初中都是为了能和她继续在一起。可是在第一次分班考试时她却偷偷告诉我，让我给她传答案。好朋友的请求我当然不能拒绝了，可是那张小小的纸条却不巧被流动监考老师发现了。我们被带到教导主任的办公室，她厉声问我们谁是主犯，被抄的那方多少可以免些责任。我本以为我们会一起沉默然后被分到一个普通班也好，可是许静却说——

"是她抄我的，她让我给她传纸条。"

她说完这一句，我的整个世界都定格失色了。我那么看重的好朋友，最后却把全部罪名都推到了我身上，在她眼里，成绩比我更重要，考试比友情更重要。我就这么简单地被轻视、被背叛了。

6

那天的记忆死死地刻在我的脑袋里，让我开始痛恨起所有的考试和虚伪的好学生。那之后，我就完全开始自暴自弃了，扔掉了过去的所有荣誉，和差生们交朋友，成了大家眼中沉默却有个性的人。这样纯粹的感情才让我觉得舒服自然，我以为我总可以慢慢治愈自己、战胜回忆的，可今天许明嘉却让我又回想起了那个陌生的眼神和那句冰冷的话。像是看到自己苦心经营的友情脆弱得不堪一击地倒塌的样子，我刚停下来的眼泪又汹涌了起来，本来已经决定要忘记的，为什么总让我想起来啊！

"别忘记，别逃避啊！"许明嘉的眼神变得明锐起来，"祁婧超，曾经让我那么钦佩的你才不要这么轻易被打败，你就是这样的吗？因为一个人一句话就憎恶起考试，逃避开友情？别拿别人的错误折磨自己啊！"

她一步上前抱住了我安静地说："不管你有多不信任朋友了，可是我会用我的真诚打动你的。其实我早就想和你交朋友了，你一定不记得了吧，以前小学时我曾向你打招呼的，可你却完全没看见我。相比之下，我还是更喜欢这样的你。"

她的话像一只温暖的大手，逐渐抚平了我心里不顺的毛。我才想起好好反思自己，曾经的我因为自己的优秀而目高于天，不屑和一般人交朋友，不听别人的反对意见，所以只把一直顺着我、听我话的许静当成自己唯一的朋友。其实问题也出自我身上，是我的骄傲排斥开了那些真正关心我的人，只活在自己虚拟的骄傲世界里。

其实我也真的不该一直揪住不放的，许静在不久之后主动找老师承认了错误并来找我道歉，我却根本没再看过她一眼。也许我真的该学会放宽心，好好反思一下自己了。

"我觉得眼前的世界就是你心里的映像，以前我也抱怨过讨厌的考试、抱怨过不懂我的朋友，可我后来才明白，你以什么样的眼光去看世界，世界就是什么样的。"许明嘉松开我，给了我一个无比灿烂的笑脸。我愣愣地看了半天，才低下了头。

好吧，我们全军覆没地被她的阳光打到了，连最倔强的我也因为她刚才说的话胸膛暖暖的，想要上前去拥抱她了。

7

其实许明嘉也不算背叛我们，她自己重新写的那封信虽然开始时是对我们自己的反问，可最后还是提出了"考试太多占用时间"等正当理由说服了老师，教研会商讨之后决定取消了每周的小考，也让被压得喘不过气的我们多少减轻了些紧张感。

还有我，终于在许明嘉的劝说下，最后主动去找到许静原谅了她。一直安静温顺的许静第一次在我面前哭得泣不成声，我才知道她也被后悔和内疚折磨得有多难过，还好有许明嘉来劝我回头看看自己，不然我们还会因为我的偏执继续这样痛苦下去呢。

我想，真正的比试才刚开始呢，至少以后的我会真的振作起精神做好自己了，因为只有这样才配得上身边这个积极向上的好朋友啊。

毕业是一枚安静的动词

骆　可

1

2014年6月15日。

大概是。又大概不是。

那一年的夏天并没有什么不同。从五楼宿舍的某处窗口里传出低婉的歌声，以至于很久以后，耳边重复的都是同样的歌词——

你存在，我深深的脑海里，我的梦里，我的心里，我的歌声里。

那一瞬，很多人哗啦啦一下子消失不见。我一个人坐在宿舍的椅子上，就着天光给你写留言册。

曾经逼仄的水房里，位置一下子空出很多，教室里大多是离别忧伤的脸。于是，寂寥的清晨，你又踩着脚步来到我身边。我便沉默地听着你在我内心的某个地方，剧烈地轰然翻了过去。

我在教学楼下喊：509！509！你从幽暗的楼道里飞奔而来，打亮了所有黑暗。让我以后的梦里，都是那张英俊而阳光的脸，带着青春懵懂的梦想，穿梭在风里。

又或者在阴凉的走廊里，你脱下白衬衫，递与我，看我端坐在照相机前，那咔嚓一声的惊心动魄，仿若已穿透千年。

2

日子须臾张皇。

我想伸出手，却发现连半束华光都无从握牢。

抬眼处，你掏出两张已皱了角的电影票。你不看我，嘴角抿成一条直线，连问都不曾问，"没空就算了。"

"有空。"我答得竟那样快，似怕有人反悔。

竟是朱塞佩·托纳托雷的《天堂电影院》。

走出礼堂，黄雀已归巢，偶有几颗星在夜空中浮了过去。电影中随风招展的白色床单，广场上钟楼的大钟和你一直没有说话的侧影，竟成了我那些年永恒的记忆。

只是后来。

后来连新天堂戏院也拆除了，那些当初被删去的接吻镜头，连同令人缅怀的记忆、流逝的岁月与梦想，一同被掩埋掉了。

好似你我。

3

你的样子，永远都那么清透。

哪怕那么多人，乌泱泱一片，隔着照片我还是能一眼就看到你。

横枝连映、拥臂互抱的参天大树下，你干净地站在我身后，当所有人摆出茄子的嘴形，努力笑弯一双眉眼。只有你，那么安静地站着。在摄影师按下快门的瞬间，竟伸出两根手指，出现在我的耳边。

夜凉如水的夜里，我躲在角落，拿出来反复揣度。那清浅的表情，那 V 字手势，好似走错时空的一帧画。

是的，一帧画。

公交车上，我犹豫再犹豫，还是问出口："毕业后一定要回去吗？"

声音低至不闻，你低垂的手指一紧，半天，轻轻点了下头。

颠簸间，我闭上眼将头靠在了你肩膀，如果你躲掉，我也许有由头哭一场。而你，僵坐在那里，任落日的余晖透着玻璃斜斜地打进来，变成一帧静止的画面。

4

我喝醉的那个晚上，你竟没有夺走我手中的酒瓶。

终于到了所有人抱头痛哭的时刻。饭勺、床单、课本、笔记……从楼上纷纷而下。所有人都哭了笑，笑了再哭。

你只是静静地看着我，看到我想努力笑一下，最后竟变成汩汩的眼泪。

你伸出手，慢慢蒙在我的眼上，你说："哭过这一次，一切就重新开始。"

我哭得更凶了。

这是你一早就想好的结局。

所以才会带我去看《天堂电影院》，才在毕业留言册里写下那句：海内存知己，天涯若比邻。

若比邻。

竟也隔着天涯呀。

那是明知不可能的自欺欺人式安慰吧。

当我用力咬下去时，你竟反手将我拉进了怀里。那是四年里，你唯一一次，也是最后一次。

你知道，我是想用这种方式，让你永远记住我。

你用温热的眼泪告诉了我答案——

你说，有些人不会忘，由于不舍得。但是，请你忘了我。

一个像夏天一个像秋天

5

日子定格在那里。

天地开明，却万道沟壑。

我笑，忘了你，三个字而已。

于是，努力地去工作，去生活，去看别的男孩子的美好。去忘掉每一个关于你的夏天、秋天抑或冬天。忘掉你的每一次蹙眉，抿嘴，浅笑。忘掉毕业竟是一枚安静的动词。

安静到忧伤而无奈，残忍而无辜。

无辜到让你不知该去怪谁、怨谁，又去恨谁。

直到有一天，人潮汹涌的街头，我看到一个人背影很像你，然后看了很久，才发现真正的遗忘是不需要努力的。而我，后来喜欢的每一个人，看起来都像你。

你依旧在某个疏影横窗的黄昏，伫立在窗外，殷殷地问一句："有水吗？我口渴。"仿若昨天，犹如眼前。

最后一个夏天

人类不会飞

钟龙熙

　　莫小桑是南方边陲一个很普通很普通的小镇姑娘，今年八月的夏天开始了漫长的高三生活。这座小镇的经济十分不景气，就是半个农村，建筑物的最高层数不超过七层，基础设施相当不完善。莫小桑一直认为，这座小镇就像个风烛残年的老人，岁月在指缝间静静流淌，激不起丝毫波澜。

　　交通不发达，离开这座小镇还得大费周章地坐上一个小时的班车去最近的县城的汽车站，才能拿到去远方的票。而莫小桑像是被困在笼子里的金丝雀，从没领略过远方的旖旎风光，却一直向往外面的世界。

　　她常常在放学后踩着单车到小镇上唯一的一条大路延伸出去的岔口，塞上在外面工作的妈妈寄给她的MP3，收听着唯一一个电台，渴望像《追逐繁星的孩子》里的明日菜一样听见地下世界的声音。可惜天不遂人愿，她没有活在宫崎骏的漫画里，所以她一次也没有听到过，只是静静地在黄昏里独赏日落晚霞，耳中流淌着主持人好听的男中音，无聊地观察每一个行走匆匆的路人猜想着他离开的心情，和同样孤单的小鸟说着自己少年的心事。

甚至尝试着和自己的灵魂对话。

当然她也曾把考得不及格的试卷痛快地撕烂了，罔顾路人异样的眼光，抛上去来个天女散花，仰着头闭上眼感受碎纸凌厉的棱边刮过脸颊的微痛。

1

莫小桑想，人类原本是会飞的，有一双像天使般美丽的翅膀。

"苍术，你说，人类会飞吗？"

"笨蛋，当然会啊，坐飞机可以穿梭在云端，乘坐热气球可以鸟瞰浮生，如果是火箭飞船还可以穿越大气层冲出外太空和外星人交流哩！"

"不是，我只是说，我只是说，假如，这只是个假设哦，如果人类拥有属于自己的翅膀……"

"如果人类拥有一双属于自己的翅膀，就不会迷茫无措地仰望天空了吧。"莫小桑如是说。

"莫小桑你疯了吧？人类是匍匐在浮世的直立行走的

高等动物，没有翅膀，也不会飞，飞翔那是鸟的专利。"苍术在莫小桑旁边有些不屑地说，顺带飘几个白眼过去。

莫小桑却充耳不闻，视若无睹，只是固执地仰望天空，淡看云卷云舒，好像她的脖子天生就是要朝蓝天那个角度扭才好看。

苍术对她这个反应虽早已习以为常，还是会觉得无奈，这个莫小桑啊，脑子里整天装些不切实际的东西，压根没有把心思放在学习上，整天不是鼓捣她那些宝贝似的明信片就是托着腮帮神游天际。

最令苍术匪夷所思的是，凡事三分钟热度的水瓶女莫小桑居然出乎意料地执着于"人类会飞"这个听起来荒诞不经的想法。

她每天看着窗外盼啊盼啊的，好像每多看一次蓝天她就会长出一片羽毛一样。

苍术总算看出来了，莫小桑是典型的唯心主义，她一定是被什么江湖骗子神棍之类的糊弄了。

2

莫小桑想，有些人的翅膀会不会也像蝴蝶翅膀上的花纹那般神秘，好看呢？

下课铃一响，莫小桑迅速背上书包，如离弦的箭，一个快步冲到苍术面前，蹦跶欢脱得像神经病放假了的状态。结果因为同学堵住走道，莫小桑只能很无语地塞在那儿进退不得。本来欢愉地想唱歌的心情一下就降到阴暗的冰点。

没办法，只好混在人群随波逐流，龟速移动到苍术的位置，然后二话不说生拉硬拽地把正在写作业的苍术拉起来。

语气里掩饰不住欢快地说："苍术苍术，我跟你说，我找到关于人类有翅膀的记载了！"苍术黑着脸无奈地对她说："莫小桑，你先放手。"

"哦！"莫小桑条件反射似的放下他的手，两只手无辜地举起来，眯着眼笑得一脸人畜无害。苍术甩了一个没救了的眼神给她，而后低头收拾书包。

莫小桑读的中学是镇里唯一一所高中，而且附有唯一一个老态龙钟的图书馆，图书馆楼梯是回旋式的，兜兜转转的，很容易犯晕，而且阴森又残旧，空气中还弥漫着一股纸质受潮的气味。更疹人的是里面空荡荡的，总让人感觉有什么东西突然会从某个角落冒出来，总而言之，用一句莫小桑的话说"这里很适合拍鬼片"。

莫小桑熟门熟路地带他上了三楼的藏书阁，里面书不多，但是每个书架都塞得满满的，两个一百平方米的房间摆得跟仓库似的。值得一提的是，这些书都是上了年代的，很多都破旧得连封面都看不清，褪色得严重，书页边缘泛泥色。书皮不见踪影的一抓一大把，更有甚者刚从书脊堆中抽出来，结果书页散得满天飞，那画面太美，令人当场石化。

莫小桑像只灵活的鱼迅速跑到一排书架前，蹲下来，招招手让他过去，于是两人一高一低的身影蹲在一排陈旧的书架前。莫小桑伸手去拿一本"上了年纪"的书籍，可是卡得太紧她用力得脸上的青筋暴起了也无济于事。

苍术无语地看着她夸张的表情，推开她伸手去抽，结果发现莫小桑拿不出来是应该的，因为……他也得很吃力。莫小桑见状赶紧伸手过去两人一起抽，费了九牛二虎之力以后终于抽了出来，两人因作用力跌坐在地板上。而那本"古董"纸页散开，漫天飞舞，像无数只张开翅膀的纸蝴蝶。

莫小桑看痴了只觉得好美。

苍术突然觉得头很痛。

3

莫小桑想，人类丢了自己的翅膀，大概也丢了自己的信仰。

又是枯燥无味的政治课，年轻漂亮的女老师在讲台上孜孜不倦地授课，而莫小桑早已不知神游到哪个星球了。

女老师屡次看向莫小桑的方向，不断用眼神示意她，在无数次被无视以后，女老师清清嗓子，口气不善地叫

"莫小桑"。

莫小桑的同桌撞了她一下，她回过神有些迷茫地站起来。

"你认为人类社会从低级向高级发展是属于什么规律？"老师脸有些臭地看着她一副不在意的神情。

"是进化规律，人类用背后的翅膀换来了智慧创造了繁华，可是利益的背后人类也为自己种下了恶果，羽翼退化那么人类就只是普通的会直立行走的灵长类动物。假如有一天上帝发怒，世界末日来临，人类就无法借助翅膀的力量飞离地球了。"莫小桑一本正经地说着，惹得同学们笑得前颠后倒很是夸张，可她仍旧坚定地望着老师，眼神里写满了认真。

老师脸色铁青得几乎都快要发怒了。苍术没看她，扭头看窗外好像不认识她。

事情刚过去没多久，星期四的一节体育课，莫小桑爬上高高的铁杆上坐着，手里拿着写有黑色字体的白纸悠闲自在地折纸飞机，折完一个就对着飞机头哈气然后放飞。纸飞机在半空划出一条优美的弧线，最后坠落在不远处。

莫小桑的样子看起来孤单又落寞。

苍术仰头手做喇叭状，冲她喊："喂，莫小桑，你又在发什么疯啊？"

"苍术，我在给可能幸存的羽人捎信，我想问问他们怎样才能找回我的翅膀。"瞧，又是课堂上那种笃定的口气，似乎她讲的是一个事实而不是玩笑。

下午第三节课的小测，老师不在，所以莫小桑总是肆无忌惮地拿她的宝贝MP3出来，塞上耳机忘乎所以地畅听。苍术板着脸无奈地敲敲她的桌面，她抬起头，见是苍术眼睛一亮继而像个孩子分享糖果一样递一个耳塞给他。

语气欢喜得不好形容，"苍术，你听一下这首歌是人类……"

苍术轻轻推开她的手，"莫小桑，现在是考试，你有没有搞清楚状况？"

"哦。你听一下嘛！"

苍术真是受不了了，歌词乱七八糟的就算了，她居然还自我陶醉地单曲循环！看着她一副怡然自得的神情，苍术真的要开始重新考虑刷新三观了。

4

莫小桑想过，最浪漫的死法大概就是沉睡在温柔的风里了吧。

苍术觉得莫小桑一定是被洗脑了，每天像个狂热的宗教分子般宣扬"人类会飞"的言论，如果不是苍术意志够坚定的话早就被莫小桑招纳成教徒了。

清晨，两人停在包子铺前，背后是染红的街道好看的朝霞。苍术听她絮絮叨叨的烦不胜烦，转身塞个包子进她嘴里就跨上单车扬长而去，莫小桑怒目而视离去的苍术，不服气地发出"呜呜呜"的声音。

好不容易吞下那个包子以后，她踩着单车追上去，和苍术并排骑着，苍术淡淡地瞥一眼气鼓鼓的她，又故意放慢速度和她的车速保持一致。

莫小桑不紧不慢地踏着单车，思索着怎么才能一开口就震慑住他，而苍术留意到莫小桑脚下有点儿破旧的蓝色帆布鞋，嘴角不经意地勾起一抹笑。和我的鞋子一样呢。是的，只是苍术的帆布鞋是黑色的，他一直很喜欢黑色的深沉。

而莫小桑天生就适合明媚的蓝，虽然他并不赞同她说的什么挥舞着背后洁白的翅膀翱翔于蓝天之下的鬼话。

路上的行人并不多。小鸟们清脆悦耳的鸣声伴了他们一路。路上除了单车链条转动发出"哒哒哒"的声音外，他们一句话也没有说。

推单车到车棚，苍术顺便帮莫小桑锁上，站起来时，莫小桑抱臂装出不可一世的样子，扭头不看他倔强地说："哼，苍术，我告诉你，人类会飞的事实就是霍金也无法否认，你要是再这样子偏激下去我就……我就诅咒你做不成班长！"说到后面她的声音越来越小，因为她害怕，她害怕苍术真的当不成班长了。

苍术看着她孩子气的模样有些无奈地说："莫小桑，你的世界观是扭曲的"

"这世界本身就是扭曲的。"

苍术争不过她，只好举手投降，"得得得，我认输，我认输。赶紧回教室吧。""还有，等下无论如何你也得把地理作业交上去。"

莫小桑冲他做个鬼脸，然后一溜烟地跑开了。

5

莫小桑想，她应该要有自己的翅膀，她不要苍白无力的青春。

"十一月下旬的田径会，我打算参加。"莫小桑撂下这句话就自顾自地推着单车走到前面去，留下一个潇洒的背影给一头雾水的苍术。

莫小桑又在盘算着什么？

苍术快步跟上她，看见她嘴角弯起自信的笑。"莫小桑你疯了！"苍术的语气有点儿威吓的味道，吓得莫小桑缩了缩脖子，脸也跟着垮下来了。

"你知不知道你现在读几年级啊！高三啊！田径会？参加？开什么国际玩笑！下个星期三我们就月考了！你的数学作业做完了吗？英语作文写了吗？还有史地政你背了吗？"苍术说到后面越来越激动，唾沫星子飞扬在他们之间微妙的空气里。

莫小桑很头疼他的反应，但是她觉得自己无论如何都不能屈服于考试，她要反抗！她要自由！

"喂，苍术，难道学生不是人吗？学生就没有人权吗？凭什么我不能参加啊！我又没有缺胳膊少腿的。"

苍术无奈地叹口气，"好吧，随你便。"

南方的十一月秋高气爽，是个办运动会的时节，同学们热情高涨，整个校园洋溢在一片欢乐的海洋当中。身为班长的苍术有些头疼地在混乱的场面四处寻找参加比赛的运动员。

天，莫小桑这家伙到底跑去哪儿了？马上就要开始八百米赛跑了！

突然，起跑点那边引起了一阵骚动，所有人脸上都闪烁着惊讶的神情看向起跑点，风暴中心的莫小桑正扬着脸，如处无人之境般自然地做准备活动。

苍术突然感觉头痛得厉害，莫小桑真的没救了……这疯子……

是的，没错，无论你戴上四百度、五百度还是六百度的眼镜，莫小桑背后背着的仍旧是不容置疑的翅膀！带羽毛的，白花花的，天使的翅膀，如果再往她头上套一个光环的话真要怀疑她是不是在cosplay小天使了。

苍术极力想挤出一条血路来去问问莫小桑是不是脑袋被门夹了。无奈人山人海的，苍术整个人像腌酸菜一样被改变身体固体形态，最后的结果却是动弹不得。

"砰——"的一声枪响，人潮再一次欢呼，比赛就这样拉开了序幕。莫小桑背着她笨重的翅膀，还是跑得疾风骤雨般飞快，把其他选手远远甩在后面。她的翅膀飞扬在空中，那种感觉很难形容，总是有一种莫小桑随时都可能会飞起来的错觉。

此起彼伏的"加油"荡漾在整个校园上空，莫小桑更卖力地跑着，像个不会停下的陀螺。在第二圈时候更夸张，其他选手都慢下来变成了静态图，只有莫小桑还处于动态，仿佛全世界只剩下她，和她的翅膀奔跑了。

最后莫小桑背着她的翅膀威风凛凛地站上了领奖台，当之无愧的第一名。她笑得前仰后合，夸张得不得了，像星空般灿烂的笑容绽放在晚秋，苍术的心里似乎也有什么在悄悄改变。

6

莫小桑想，她一定要去看火车，去看火车从铁轨延伸的尽头轰隆轰隆地驶过来。

"苍术，你看过火车吗？"

"在电视上看过算吗？就是那种民国的电视剧，女主角追着火车跑什么的感觉很狗血也很浪漫。"

"那你想去看火车吗？"

"嗯？"苍术停下手中的书写，抬头看着对面的莫小桑，她眼里闪烁着和当初说她要去参加田径会一样的光芒。一想起那件事他就忍不住打了个寒战，那件事闹得满城风雨，莫小桑真成他们学校的风云人物了。

"明天班主任去市里听课，我们学校要进行全校大扫除，所以，班长大人，你愿意和我一起翘课去北城区看火车吗？"

"莫小桑你疯了吗？"苍术像听到了一个天大的谬论一样站起来对着莫小桑大吼。

"明天，星期五啊！而且大扫除是卫生委员的战场，你这个班长毫无用武之地，就是我把你打晕了私奔到月球也没人会留意的。"

听到"私奔"这个字眼儿的时候，苍术悄悄红了脸。

"莫小桑，你知道吗？八月份第一次月考你班里倒数十七，总分三百多，九月份你倒数二十三，总分还是三百多，就连上一次题型偏简单的调研考试你也是三百多。无论怎么说，你的分数是绝对不足以考一个大学本科的，那离天空最近的地方也只是天方夜谭。莫小桑，你有没有搞清楚状况啊？"苍术激动地说道，眼睛直勾勾地盯着莫小桑。

莫小桑心里有点儿难受，她知道他在说什么，不知道怎么回事，她突然想哭，但是她倔强地不愿掉泪，抬头仰望着可望不可即的蓝天，看见鸟儿展翅翱翔穿梭在云间。

她的眼眶还是湿润了，她在想啊，为什么人类不会飞呢？眼泪在她的眼眶里打转，让她看起来泪眼婆娑，模糊了忧伤。

"苍术，我感觉我的翅膀快要长出来了，所以，这一次你让我任性一次好吗？"她声音有些哽咽着，但该有的气势丝毫不减。

苍术呆住了，第一次，他看见这个倔强到骨子里头的莫小桑哭了。说完她伸手在脸上胡乱抹泪，然后对着苍术笑，那不是装出来的笑，是发自肺腑的愉悦。

莫小桑觉得自己终于勇敢潇洒了一回，找到了一丝活得自在随心所欲的感觉。

下午第二节课一下课，莫小桑就拖着苍术溜出校门，带着他穿梭在熟悉的田间小路，感受阳光打在身上暖暖的感觉。

7

莫小桑开始明白，年少的迷茫与执着，就像羽翼未丰的雏鸟在学会飞翔前，无限渴望蓝天白云。但是，在挥舞翅膀前她要努力学会助跑，不是吗？

东南沿海十一月的深秋，秋风苍凉，夕阳红成汪洋血海，瓦蓝色的天上飘荡着一朵朵丰满的云。

火车从消失在群山之中的铁轨徐徐驶来，长鸣一声接一声冲破天际，莫小桑没有想象中的欢呼，大叫雀跃，而是安静地脸上挂着笑，像虔诚的朝圣者凝视蜿蜒前行的火车，那里，有她向往的远方。

岁月摆弄着我们的青春，迷糊了梦的原样，红色的火车，静静地唱着来自远方的歌。从北方到南方，它路过这座小镇。

"我们会有机会成为他们沿途最美的风景吗？"莫小桑的声音轻柔得像一片随流水飘动的浮萍，眼里飘出丝丝缕缕隐隐约约的雾水。

"不容置疑，我们就是，因为，我们有最美的翅膀。"

绿色转瞬燎原了荒原。

风，在他们耳边唱着不知名的歌，婉转又悠扬。

时间终会抚平所有伤口，覆盖所有成长轨迹的，不是吗？

苍术扭头看着莫小桑，面上带着温暖的笑，她的短发飞扬在风里。

"在现实面前，我们总要学会对生活妥协，但是妥协不等于认输。而是，为了让自己走得更远。"莫小桑笑着，吸了一下鼻子，继而又说，"苍术，现在我们无法企及的远方，在努力的未来我们一定会遇见的，所以，在那之前，我必须拼了命地去奔跑是不是？"

苍术突然觉得，莫小桑长大了，她在风里流着眼泪，或许这是青春对成长的赞礼，我们的翅膀从来没有消失。

洛丽塔里的小洋装

虫 子

1

我不喜欢苏琪琪，不光是因为她是我见过长得最好看的女生，更重要的是她有着优越的家世和高不可攀的成绩，仿佛她成了上帝的宠儿，所有的优点集聚一身。

可是这样优秀的她却戏剧地成了我的同桌。

那个时候班级里流行互帮互助制，也就是成绩好的同学帮助差学生补习功课。我想，老班之所以会把一直稳居年级前三的苏琪琪调到我身边，一定是对我那始终倒数的分数深恶痛绝。

爸爸说，期中考试每门成绩上80分，就给我买洛丽塔的小洋装。

要知道我只是生活在个普通家庭，去年妈妈下岗，爸爸也仅在一家简陋的公司里当个文员，工资少得仅够维持生计，可他却硬着头皮将一向成绩平平的我塞进了重点高中。这里的花费自然要比一般中学高很多，所以洋装什么的，对于我来说，都是可望而不可即的。

而本就不出色的我在人才济济的校园内更加黯淡了，面对这样的我，爸爸也是无可奈何。一天，当他接到老班打来的电话时，灰败的眸子里散发出星辉，点点放大。那个电话的内容，主要是苏琪琪成了我的同桌。爸爸一下子犹如看见了救命稻草一般，便提出上面的条件。

2

今年的我十五岁，和所有处在花季年龄的女孩儿一样，都有着一个公主梦，穿着漂亮的小洋装出现在大众的视线里，就像，就像，苏琪琪一样。

此时的她，穿着紫色的泡泡连衣裙正在给我复习上节课老师讲述的重点，烫得卷曲的头发慵懒地耷在胸前，在水晶发卡的装饰下，熠熠生辉。可能我看得太过入迷，苏琪琪那张白皙的漂亮脸蛋在魔术师的魔杖下轻轻一挥就换成了自己熟悉的脸孔。我幻想成我穿上苏琪琪的衣服，坐在教室里给别人讲解难题。

终有一天，我一定会穿上洋装，优雅得像个高贵的公主！我默默地在心里告诉自己。

但是上帝似乎并没有眷恋我的意思。期中考的试卷纷飞而来，苏琪琪再一次拔得头筹，而我偏偏功亏一篑，只有语文一门差了点儿，考了77分。我把试卷从头到尾检查了一遍，希望老师有批错的地方，可是，没有！我又把分数加了一遍，还是，没有！垂头丧气之际，苏琪琪提出了一个建议，"你的作文扣了7分，把7改成2，还是蛮容易的，这样下来，成绩刚好82分。"

我觉得办法可行，二话没说拿起红笔沿着老师的笔迹临摹，对着近似看不出动了手脚的试卷，我第一次跟苏琪琪说了声："谢谢！"她有丝惊诧，但很快，笑了起来。

那天，云淡风轻。我壮着胆子将试卷递给了爸爸，一阵无声后，我看见他偏黑的脸上露出久违的笑脸，我知道我的伎俩蒙混过关了，心情也由先前的忐忑变得轻松，抬头仰望窗外的天空，远处的白云开始浮现出苏琪琪的笑脸，那一刻我觉得自己应该感激她。

可命运从来都是为别人开一扇窗，又瞬间将这扇窗关闭。爸爸打给班主任的电话只是想表达一下欣喜的心情，还有感谢老师让好学生苏琪琪成为自己女儿的同桌，却没想到事情的真相浮出水面。

"小闲，真是很可惜啊，语文考了77分，不然成绩能排到班级前十五名呢！"

那天之后是怎样的场景，我不记得了，只记得当我说出这一切是苏琪琪教我做的，爸爸恨铁不成钢般的失望。

"苏琪琪是一个成绩优秀的学生，怎么可能会做出这种事情，一定是你想裙子想疯了，涂改试卷的。"

"小小年纪，不仅撒谎，还推卸责任，莫小闲，你想要的衣服，我是绝对不会给你买的！"爸爸说完，就走进卧室，丢下我站在客厅里对着墙壁面壁思过。

3

这一定是苏琪琪事先设计好的，让我撒谎并被爸爸识破，因此我开始讨厌苏琪琪。连平日里她给我讲解难懂的题目，都不予理睬，一个人抓耳挠腮地写写画画，完全无视待在我身后的她。

不知不觉，过了一个星期，当我都快忘了还有一个名叫苏琪琪的女孩儿坐同桌时，是她一如夺目的钻石，穿着亮白的蕾丝裙，闯入我的视线。

"这周五是我的生日，我想邀请全班同学去金帝大厦吃饭，希望大家都能来，好吗？"

话音刚落，大家议论纷纷，内容无非是羡慕嫉妒恨之类的。苏琪琪站在讲台上，亦如高贵的孔雀，笑得就像她左耳边别着的那朵金灿灿的向日葵发饰。我有些鄙夷地趴在桌子上，百无聊赖地转着手中的圆珠笔。

"小闲一定要来哦，因为你是我最重要的朋友！"苏琪琪说话的时候，清亮的眸子直直地看向我，散发出坚定的光芒，似乎那目光有种魔力，会让你轻而易举地相信她所说的话。

我是徒步走到金帝大厦的，由于地处繁华，我否决了打车这一奢侈的行为，加上下班放学的高峰期，公交等得也是相当费劲儿，最终做了徒步行走这个决定。

其实，原本苏琪琪是叫我和她一起乘坐她爸的车，但当我看见那是辆线条流畅车厢宽敞的轿车后，拒绝了。

"你一个人走路过来要到啥时候，别的同学不是父母送去，就是打车走了。"

我忽然有些恼怒，狠狠地甩开她的手臂，冷冷地回应着："当然，我也可以选择不去！"

苏琪琪被我弄得没有办法，只能坐着老爸的宝马先行离去。

等我到的时候，已近正午，奇怪的是，整个宴席还没开始。苏琪琪一眼看见门口的我便扑了上来，热情地挽着我的胳膊，笑眯眯地说："你来晚了，大家都在等你呢！"她好像并不生气，拉着我走向餐桌的上座，坐在她爸爸的身边，我有丝窘迫，站了起来，苏琪琪却拍了拍我的肩膀，示意我坐下。

今天的她穿了件粉色的公主裙，戴了同样粉嘟嘟的蝴蝶发箍，像个甜美可爱的精灵，不停地在席间穿梭，举止优雅。

有的人一出生注定是公主，有的人虽然历经千辛但还只是个灰姑娘，这其中的差距并不是靠一件洋装可以弥补的。

我意识到这个的时候，一声尖叫吸引了在场所有人的注意，大家迅速跑了过去，围了起来。

"那是什么，蜘蛛侠吗？"

"好酷哦，这可是十二楼的高层！"

……

我的个子比较矮小，穿过重重阻碍后，也被眼前的景象惊住。

宴席安排在金帝大厦的十二楼，对面是玻璃墙，透过玻璃可以看到整个城市的风景，还有那个让大家惊讶的男人。此时正值深秋，秋风萧瑟，凛冽又很张扬，整根绳索被吹得摇摇晃晃，他却不为所惧，继续吊着威亚擦拭落地窗户。而就在这个时候，有人失声喊道："爸爸！"

我不停地拍打着窗户，呼唤着。窗外的爸爸显然听到了我的声音同样吃惊地看着我，第一次我感到从未有过的羞愧，低头的间隙，余光瞟到不远处苏琪琪的父亲，他西装革履地坐在上座，眼睛迷离地看向这边，对着我微笑，而我的父亲竟然堂而皇之地出现在大众视野里，顶着冷风，冒着生命危险，艰难地擦拭着窗户。

整个过程，所有人的议论像被磁场干扰，停顿了一下，再次以更大的声音开始了新一轮的讨论。

"莫小闲的爸爸不是坐办公室吗？"

"什么时候改行当蜘蛛侠了？"

"难道她在撒谎？"

……

这场生日会上，我就像一个跳梁小丑，被人扒光了衣服，表演一个名叫万箭穿心的节目，最终遍体鳞伤，只能提前谢幕。

4

意识到这又是苏琪琪设下的圈套，我一边咒骂自己，一边惶恐地从酒店逃出。

为什么这么傻，每次都会上当！

我假装没有听见苏琪琪的呼唤，在空荡的大街上乱逛，被冻得发抖，最终发现无处可去的时候，回了家。此时已值深夜，爸爸一个人坐在沙发上不停地抽烟。

望着灯光下的他，越发的老态，心里开始难受。可是这种感觉被骄傲的自尊打败，我几乎是怒气冲冲地跑到他面前，质问道："你不是在办公室上班吗？"

他有些尴尬，连吸了几口烟，才缓缓开口，"你也知道公司很小，裁员很频繁的……"突然他看着我，嘴角张开大大的弧度，"其实你看，这份工作也很不错，最近蜘蛛侠很火，许多人都在模仿蜘蛛侠，我不用模仿就已经是了，很威武呢！"说完，还将右手的中指和食指并拢在额前一挥，摆了一个很帅气的姿势。

我没来由得哭了，哭得很伤心。连待在一边的爸爸也不知如何是好，慌乱地拿过茶几上的抽纸巾，递了过来，"小闲，不哭，都怪爸爸不好，等这个月开支了，爸爸给你买你喜欢的小洋装……"

我一把打翻他递过来的纸巾，愤愤地说："我不要小洋装，我也不要一个蜘蛛侠爸爸！"

刚说完这些我就后悔了，我甚至不敢抬头看他的表情，只是看着日光灯下他的身影有丝轻微地晃动。

5

有些伤害似指甲，剪掉了还会生长，无关痛痒；有些伤害似牙齿，碰掉了会有个伤口，太过疼痛以致无法弥补。

我想苏琪琪给我的伤害就是后者。

第二天，我来到教室，刚进门口，就看见迎上来的她深情地望向我，波光粼粼。

"小闲，对不起，我昨天并不知道……"

就在她继续述说的时候，我已经错过她，来到座位上，收拾书包，准备上课。

一天中，苏琪琪就像个幽灵一般无时无刻出现在我的面前，想要表达她的歉意，而我总是很适时地漠然离去，连她利用课间操的间隙在我的抽屉里塞了封道歉信，也被我不留情地当她面揉成一团给扔进垃圾桶里。顿时她泪如雨下，趴在课桌上的小肩膀不停在抖动。突然，我有了一瞬间报复的快感。

中午放学，苏琪琪继续趴在课桌上，梨花带雨。我没有理睬她，一个人去食堂打饭。

吃饭时，食堂悬挂的电视机播放着十二点档的午间新闻：是一起意外事故，一个清洁工人不幸从楼上摔了下来，事件发生的地点正是爸爸所在的金帝大厦。我犹如五雷轰顶，刚把送往嘴里的筷子放下就急忙冲了出去，来到食堂门口的时候，正好撞到迎面而来的苏琪琪，她的眼睛红肿，显然是哭了太长时间的缘故。

她见我慌乱的神情，抽噎着询问道："小闲，怎么了？"

"逃课！"丢下俩字，我便准备往学校大门跑去，却被她一把拦住。

"你忘了今天是公开课，下午市领导还要来我们班听课呢！"

苏琪琪这一提醒，我才想起上午老班还屡屡告诫我们，下午上课的时候一定要遵守课堂纪律，不能迟到早退。

可是刚才的新闻……算了，大不了被退学，反正我待在这个重点高中也是浪费金钱。我甩过苏琪琪拉着我的胳膊，继续前行。

来到事故发生地点后，这里已经被围得水泄不通。发现那个人不是爸爸后，我才暗暗松了口气。这时苏琪琪从天而降，拉着我挤出人群，指着马路对面等待绿灯通行的行人，说："小闲，那个人长得很像叔叔！"

是爸爸，没错！他拿着一个包装精美的袋子和我在宽阔的马路上遥望彼此。

"对不起，害你担心了，"爸爸像个犯错的大男孩儿一样低着头，"其实，我是想给你一个惊喜的。"说着，就将礼品袋递了过来，那是一条洛丽塔的小洋装，可是此时的我根本无暇打量衣服，看着眼前完好健康的爸爸，张开双手用力拥抱着。

迫于那个伤者是爸爸的同事，一时间没有联系到他的家人，爸爸便自告奋勇地跟着120过去。临走前，知道苏琪琪就是我的同桌后，爸爸还表扬她一番，并拜托她在学习上照顾我，苏琪琪被夸得不好意思，脸涨得红红的。

回来的路上，瞥见苏琪琪红扑扑的脸蛋儿，我没好气地说："我逃课，你跟出来，干什么？"

"偏偏还是这么重要的日子！"说出这句话的时候，我的底气明显不足。

"难道你可以逃课，我就不可以吗？"

"可是这和你跟出来有什么联系？"我问。

时间停滞了几秒，直到一个犹如蚊蝇的声音发出，"因为，我担心你！"

不知怎的，我觉得像是听到世上最好笑的笑话，笑了起来，苏琪琪却一脸着急。

"你当时的样子很急，知道公开课还要逃课，我想一定是有很重要的事情，到了现场，才知道这里出事了。"

我的表情一下严肃起来，"为什么？"

"我那样对你，你还……"

苏琪琪脸上的红晕还没有散去，脸部再次聚集更多的红细胞，就像熟透的红苹果。

"因为你是我最重要的朋友！"

这句话仿佛一道咒语打通了我的七经八脉，令人神清气爽，连后来老班盛怒的样子也觉得和蔼可亲。不过幸运的是，那天市领导们没来，教学公开课被改在下周，因此，我和苏琪琪也仅仅被罚各写了一份检查，不过苏琪琪外加打扫一个月的教室卫生。

缘由还得归于苏琪琪主动揽下逃课主导者的罪名，她提议我逃课的。她说如果不这样撒谎，老班一定会把她从我身边调开的。

她还向我道歉："自从上次生日会，我无意中刺伤你的自尊觉得很抱歉，你是个敏感的女孩子，我想要的只是，更好地保护你。"

6

后来的一个月里，傍晚的余晖中，总是能看见两个女孩儿在教室里打扫卫生的身影。当我提出留下来帮忙打扫的时候，苏琪琪难以置信。

"为什么？"

我笑而不语。

是谁说的那句，"因为你是我最重要的朋友！"

最后一个夏天

崔馨予

高中的最后冲刺，让莘莘学子步入了紧张中。埋头苦读，是他们唯一能做的。

安静的走廊，只有那细微的训话声在飘荡着。

"林皓，这次说什么都必须把你爸爸叫来，我必须要好好地跟他谈谈。"班主任的声音，尖利得似乎能穿透一切事物。

办公桌前，除了一个乖巧的女生站在边上，最引人注意的，就是那满身灰尘鼻青脸肿的少年。显然，这是才跟人打了架。

两手插在裤兜里，眼睛更是看向一边。就算狼狈，他林皓也不会低头。他没有错，错的是那些人，凭什么老师只找他一个人。

"林皓，我希望你这次不要再找人来冒充你的家长了。不然下次，我就直接去你家做家访了。你最好是现在给你爸爸打电话叫他来学校一趟。"看着如此态度的林皓，班主任就火大了起来。这个孩子大过小过一大堆，要不是他妈妈哭着求着说给孩子一个机会的话，就这样的学生，学校早开除了。

"我没爸爸，我爸早死了。"声音低沉，却有种咬牙切齿的感觉。

听着这，乔然完全蒙了。

其实不光是乔然，就连班主任，也一样地愣住了。

"你以为你妈妈的洗碗钱是让你来挥霍的吗？林皓，就你这样，谁敢要你。"林皓的家庭状况，她这个做班主任的还是知道的。

这一句话，似乎彻底地激怒了林皓。紧捏的拳头，让手背上的血管都是那么的显而易见。

拳头的闪现，让原本还坐在椅子上的班主任直接翻倒在了地上。

这一拳，他只是在维护妈妈的尊严。之所以会动手，那完全是因为那张脸上的鄙夷，似乎很看不起的样子。

学校打架本就是恶劣行为了，现在竟然连班主任都打。这样的学生，在学校还真是一颗老鼠屎。

林皓的举动，让在办公室里的老师们都看傻了眼，却也无限感慨，怎么会有这样的学生。

林皓的转身离开，让乔然也跟着追了出去。这是她的任务，是老师交给她的任务，一定要看好他。

被阳光拉长的身影，乔然只觉得他是那么地孤寂。

树荫下，林皓坐在草地上，闭着眼睛背靠树干，看上去就像是睡着了一样。

"那个，你还好吧？"是否要靠近，这个问题，乔然纠结了再三。虽然他们是一个班的没错，可对于这样顽劣的同学，却没有任何的交集。不是她不想，而是林皓根本就不给这个机会。

这是他们同班的第三年，可乔然却从没见过林皓和谁有过交集。乔然的问话，林皓无动于衷。依旧闭着眼睛靠在树干上，就像是在休息一样。他不想搭理这样的乖宝宝。他的世界，本就不该有这样的人出现。当初若不是妈妈的坚持，他也不会在学校里坚持到现在。

每个人都有大学梦，但他的大学梦，却是妈妈的。因为这是她的精神寄托。

其实林皓的成绩并不差，只是他不愿意去学而已。经历了初中的事情后，曾经品学兼优的他直接选择了放弃。抽烟打架，便成了他的家常便饭，也是每天必备。这也不能怪他，要怪，就怪那个男人好了，因为这都是他害的。

将背包扛在肩膀上，林皓就这么走在夕阳下。

"别再跟着我了。"这一路走下来，林皓都知道，有个人在跟着自己。

对林皓的态度，乔然选择了沉默，只是因为不知道怎么和这个男孩儿说。一直跟着，只是这一次，她选择了拉开距离。

让乔然怎么也没有想到的是，这心目中不学无术的林皓，竟然会蹲在一个女人的面前，动手帮忙洗碗。即便脸上挂彩，但还是会露出阳光般的笑容。

这，就是在学校里连劳动都不做的林皓吗？

夕阳下，乔然看傻了眼。

其实，他还是很阳光的。

乔然就这么站在原地，就这么看着蹲在那里洗碗的林皓，痴了迷。要不是林皓妈妈发现，乔然恐怕还站在那里痴迷着。

乔然的存在，被林皓的妈妈发现了。好奇之余，问起了林皓。

"原来是林皓的同学啊，你看，让你在那里站了那么久也没注意到，真是不好意思啊。"林皓的妈妈一直在说着抱歉的话。只是那脸上的皱纹，证明着她的沧桑和憔悴。

在得知乔然是班长之后，林皓的妈妈就对乔然更加好了，还特地请了假，拉着乔然回家吃饭。然而让乔然吃惊的不是这简陋的小平房，而是在这平房里的简单，还有那满地的塑料瓶。

"别介意啊，家里比较乱。林皓，赶紧收拾收拾，妈妈去做饭啊。"看着这满地的狼藉，她赶紧招呼着儿子，让儿子收拾。

乔然并没有嫌弃，反倒是跟着林皓一起收拾了起来，这让林皓多少有些吃惊。他以为，这大班长会像学校里的那些女生一样，眼睛长到脑袋顶上，如娇生惯养的大小姐。但是现在看来，一切并非他所想的那样。

热情的招呼，让乔然多少有些尴尬。看着面前的两荤一素再加上一个汤，她却不知，这用去了母子两人一个礼拜的伙食费。

饭后，林皓的妈妈便和乔然说起了很多关于林皓的事情，甚至还拜托她在学习上多帮帮林皓。

看着那一叠奖状，乔然万分吃惊。她自然没有想到，不学无术的林皓，曾经竟然是个学霸。

"阿姨，您放心吧，我会帮林皓的。"看着这和蔼的女人，乔然坚定地说道。当然，这也是她发自内心的想法。

在乔然的认知里，学霸就是学霸，不管什么时候都是学霸。

林皓一直拒绝，他不想和这样的好学生有任何的牵扯。他只认为，在他的世界里，只要有妈妈就够了，不需要其他的人。

可对于乔然来说，既然是答应的事情，那必须要做到。况且她相信，林皓并非像表面上看上去的那样。至少那天在他妈妈的面前，他是真的自己。

乔然也坚信，每个人的改变，都是有原因的。

时间的推移，让乔然的坚持终于有了结果。两个人的关系，也由此变为了最亲密的朋友。林皓每天都负责接送乔然的上下学，更是开始学习起来。起初是被逼的，但是现在，他是真的在认真学习了。两人之间的感情，也在逐步加深着。

高三的时间总是过得特别的快，也没多久的时间，就到了月考了。摸底考试，也是让每个人知道自己的底，知道接下来的奋斗目标。

"林皓，加油，你可以的。"考试前，乔然给林皓打着气。

成绩下来了，林皓竟然考到了全年级前二十名，这让所有人都吃惊。一直以来都是年级倒数的人，这次竟然直奔前十名。这怎么可能，开玩笑呢吧。再看乔然的成绩，这次竟然下滑了五名。

办公室里，两个人就这么站在老师的面前。

老师竟然以为林皓是作了弊，把他们俩叫到办公室训斥。林皓气不过，怒气冲冲地转身就走了。

"乔然，你留下。"看着准备离开的乔然，班主任直接叫住了乔然。

只是，林皓并没有真正离开，而是站在了办公室的门外。并不是怀疑，而是因为不放心。

"乔然，老师知道你身为班长是想帮助同学，可是对于林皓那样的人，你完全没有必要，何必浪费自己的时间来帮他呢？这次考试的事情，大家心里都清楚是怎么回事。老师希望你不要太自责，下次努力就好。还有，和林皓保持距离。"留下乔然，班主任就是为了说这个。即便没有明说，这言下之意还是在说，这次考试，林皓是在作弊。

她乔然不是傻子，自然也能听懂这话里的意思。听着这样的话，乔然心里多少有些不爽。

明明就什么都不知道，却说出如此的话来。这，还是她心目中的老师吗？如此诋毁自己的学生，就因为人家之前的表现吗？明明都没有看清本质，却如此认定，这就是为人师表的判定吗？

"老师，请你不要以偏概全，在你没有真正了解一个人的时候，就不要下结论。欲加之罪何患无辞，林皓不是那样的人。"乔然的分贝略微高了点儿，让在场的老师都有点蒙了。

平时的乔然，都是温柔的小女生，品学兼优的乖孩子。可是现在，却变成了这样。要说最为吃惊的，自然是班主任。而门外，林皓就这么听着里面的一切，心里，暖暖的。

这，还是除妈妈以外，第一次有人帮自己说话。只是，这样的自己，真的可以和她在一起吗？

就是老师的话，也不是没有道理。自己毁了没事，可乔然不一样。

所以，在乔然走出办公室的时候，林皓早已离开。

他只是自卑，如此卑微不堪的自己，有什么资格和品学兼优的她在一起。即便他们只是朋友，自己，似乎也配不上。

林皓清楚地知道，自己这次的考试成绩，其实就是不想让她失望。想想她的努力，想想她的付出，他都觉得自己有必要争取。可结果呢？就算自己争取了又怎样？谁又能相信自己？

有时候，即便是努力，也未必会得到别人的认可。

当乔然回到教室的时候，根本没看到林皓的身影。看样子，这家伙又逃课了。看着空着的座位，乔然直接离开了教室。

明知道下一堂课是班主任的，但乔然还是选择了逃课。她知道，现在的林皓，心里面一定不好受。明明就是努力的结果，结果却被怀疑。换位思考，这要是换做自己的话，心里也一样会难受。

还是那棵树下，林皓就这样坐在草地上，背倚着大树。

这是他最喜欢的地方，安静，没有人打扰。在和乔然接触之前，这里，是属于他一个人的地方。每当心情不好的时候，他总会一个人到这里来。

但是在乔然出现了之后，这里，就变成了他们两个人的基地。不过现在看来，这里以后，还是会恢复到他一个人的时代。

"难得当个乖宝宝，你就这样逃课，真的好吗？这节课，可是班主任的。"蹑手蹑脚地靠近，乔然突然大声地说道，倒是给林皓吓得睁大了眼睛。

并肩坐在草地上，"不管别人怎么说你，只要你还坚持自己，总有人会相信你的。不是还有我在你身边嘛，我相信你。"看着林皓，乔然坚定地说道。

原本还想着疏远的林皓，在听到乔然的话后，放弃了最初的打算，两个人还是像以往一样，一起上下学，一起学习，相互陪伴。

相处的日子很愉快，有一天乔然邀请林皓去家里做客。只是让他们万万没有想到的是，班主任竟然会来做家访，这让准备吃饭的两个人直接傻了眼。

看着出现在乔家的林皓，班主任自然也是一脸的吃惊。

她好说歹说，现在倒好，不但没分开，还变本加厉了。"林皓，你怎么在这里？我不是让你离乔然远点儿吗？"吃惊之余，班主任很是不给面子地说出了这样一句话来。

"乔然，叔叔阿姨，我走了。"没有吃饭，林皓直接走了。乔然本打算追出去的，却被阻止了。

接下来会发生的事情，林皓已经猜到了。离开，不仅仅是为了不让她和乔然尴尬，更是不想自己难堪。

在听完班主任的话之后，乔爸爸说："乔然，以后不准你和那小子在一起。小小年纪不学好，连考试都作弊。这样的人，以后不准你接触。"乔然清楚地看到爸爸脸上的鄙夷。那瞧不起的样子，看得她心里难受。刚才他们都以为这是个好孩子呢，没想到竟然是这样的人。

这样的诋毁，让向来乖巧的乔然学会了抵抗，学会了反对。

"我讨厌你们。"不管她怎么说，怎么解释，爸爸始终都不相信自己，这让乔然的心里很难受。

她不明白，为什么大人总是这么的一意孤行？为什么总是不愿意听他们说的？就因为他们是孩子，所以才不被相信吗？就因为他们是孩子，就不能有自己的想法？什么都是独裁，什么都是武断。他们这些大人，到底有没有为他们想过？听听他们的心声。

这一晚，两个孩子都没有回家，这让老师和家长都开始着急了起来。找去林皓家，却只有林皓的妈妈一个人在家，她也在等儿子回家，只是左等右等，就是没有等到人，打电话也不接。

看着坐在自己身边的女孩儿，"真的不要回家吗？这不适合你。"林皓说道。其实他也就心里不舒服而已，这才离开的，却没想乔然竟然也跟着出来了。

　　江边，看着波光中的灯影，两个少年都在沉默着，谁也没有说话。不过乔然倒是做好了准备，今天，绝对不要回家了。"人生第一次，你也得给我个机会叛逆一下吧。"看着林皓，乔然笑着说道。人家都有叛逆，可她呢？从小就是乖宝宝的她，真心没有做过出格的事情。然而这一次，她却想尝试一下。

　　"乔然，对不起。"看着这一脸天真的女孩儿，林皓抱歉地说道。

　　"说什么呢，我们之间还需要说这样的话吗？林皓，你到底有没有把我当朋友？"怒瞪着大眼睛，乔然说道。不管林皓在别人眼中是什么样子，她只相信自己所看到的林皓。

　　这一夜，大人找疯了，两个孩子却毫不知情地享受着星空下的宁静。

　　看着出现在教室门口的爸爸妈妈，乔然这才意识到了事情的严重性。可她并不后悔自己那样做了。

　　办公室的教育，让两人选择了低头。不，他们并不心虚，只是因为不想看。

　　从一开始，林皓的妈妈就在道歉。她也不知道自己的儿子会这样，竟然闯出这样的祸来。看样子，这一次是真的要被开了。

　　"林皓，你现在就把你的爸爸叫来，否则，直接开除。"这一次，班主任下了狠心。

开除？听着这两个字，林皓的妈妈直接跪到了地上。"老师帮帮忙吧，这眼看着就要高考了，你就再给林皓一次机会吧，我求求你了，求求你了。"一声声的哀求，林皓的妈妈就这样跪在那里。

面对这样的一幕，办公室里所有的人都被吓到了。谁也没有想到，这孩子的妈妈竟然会做出这样的举动。而最难过的莫过于林皓。

"我没有爸爸，我爸爸已经死了。"吼完，林皓直接跑出了办公室。

"林皓……"看着消失的背影，乔然说，"老师你真是太过分了。"说完，乔然便追了出去。

还是那个地方，只是让乔然没有想到的是，以往看起来那么坚强的林皓，竟然会流泪。

"我没有爸爸，我爸爸在我很小的时候就离开我了。"简单的一句话，道出了所有。很多事情，林皓并不想说。尤其是对于那个男人，他甚至不想去想。可毕竟是个孩子，心里的隐藏，终究不能抵消。他是个男孩子没错，但男孩子也不能做到什么都那么的坚强。

平房门外，乔家三口就站在门口，看着坐在院子里的母子俩。事情的经过，乔然已经和爸爸妈妈解释清楚了。闻此，两个大人这才知道是误会了人家。听着白家孩子的话，他们也算是知道怎么回事了。一时间，还真有点儿心疼这个孩子。

道歉那是肯定的，而更多的时间，是交给这两个孩子。就像之前说的那样，马上就要高考了，总不能在这个关键的时候退学，这就太可惜了。

屋后的小花园，两个孩子就坐在小板凳上聊着。其实仔细看的话，他们还真的是无话不谈的朋友。

临走前，乔然像是约定一样地说着："林皓，明天学校，我等你。"

两个人在一起聊了很多，也说了自己的目标。要不是时间不允许的话，他们还想继续说下去。其实，他们都有着共同的目标，这让两个性格完全不同的孩子走在了一起。

因为真心，这才是林皓接受的原因。

"孩子，不要放弃，妈妈相信你一定可以的。"

既然妈妈都这么说了，"好，我会努力的，不放弃。"看着妈妈，林皓坚定地说道。就像乔然说的那样，为了妈妈，也为了自己。当然，也是为了她，他会坚持下去的。

男子汉，一言既出驷马难追。答应了，就一定会做到。

对于每一个高中生的目标来说，大学，就是他们的最终的目的。寒窗苦读，为的就是这一刻。就像演员一样，台下十年功，台上一分钟。

最后的冲刺，明天就是高考的日子了。

"林皓，加油！"

那一年的夏天，是他们在高中的最后一个夏天。高考过后，也许疼痛离别，也许欢乐前行，无论如何，所有的过往都将在这个夏天画上句号。

一个关于春夏秋冬的故事

崔 安

1

我私奔了。

我提着胡乱收拾的行李，晃晃荡荡地坐着大巴车。湿热气息扑面而来，我定了定神，看到远方牌子上的"苏州"二字。唔，看来我视力还挺好。

私奔计划是昨天定的。昨天我在工地站了将近一个小时，太阳的影子落在我脚边，明晃晃的，看着眼晕。工地里那栋浅黄色的高楼，第十六层，是我家的新房子，还在装修中。我给我的房间挑选了一面大青色的壁纸，一塌糊涂的绿，大夏天里看着倍儿凉快，设计师觉得我疯了。

哦对，新房子的设计师是江岑，呸，"设计师"这词儿太有格调，和我印象中那个鼻涕冒泡的小屁孩儿不搭。江岑是我发小，同一个班，同一个小区，生日还是同一天。

"王兔兔，你选的这个壁纸，辣眼睛。"江岑对着我叹了口气。假期里江岑在装修公司实习，正巧接手了我们家的装修案子。其实刚开始我是拒绝的，相识那么多年我还不知道这小子的审美眼光？蓝绿都不分我还敢信他？但后来我还是答应了，因为我寻思着，是熟人，不会坑我钱。

然而。

我拿到他给我的装修预算表就蒙了，江岑给我的装修材料都弄成了最高配，全实木地板，水晶吊灯，大理石贴面，大理石啊，那得多贵啊。

"不行，你这个报价弄得我有点儿穷，我得找我爸商量一下。"我对江岑说。打电话让我爸开车来工地接我。

这大太阳的，我催我爸快点儿来，我可是小仙女，晒黑了就成老巫婆了。

于是我就等啊，我在太阳底下等了将近一个小时。终于我爸开车来了，我得好好问问他干吗去了让我等那么久。于是我摆着臭脸走到副驾驶刚要打开车门，发现里面坐着一个女人。

呵呵。我知道她，出现在我爸暧昧短信里的女人。

呵呵。我明白了。

我狠狠地甩了车门，转身上了辆出租车，从后视镜发现江岑出现在工地门口一脸蒙样。

和他看到我房间那张大青色壁纸时的表情一样。

2

颜色反映人的性格。比如说我偏爱青色，生机盎然，欣欣向荣，更重要的是，我男朋友名字里有一个"青"字。

我来苏州之前跟赵家青打电话。

"那么早啊。"赵家青有些倦意。

"我心情不好，你陪我去苏州玩吧。"

"啊……"电话里拉出一阵长调，"你说什么呢，别闹了……"

我挂了电话，当他说出一个疲倦且带有无奈的"啊"音的时候，我就觉得没劲了。

两天之间，我被两个男人欺骗了。我再也不相信男人了，连一只雄性动物都不想看见。结果，江岑好死不死地这个时候出现在了我眼前。

"……"我不敢相信地看看他，又看看他身后的大巴车，"你，飞过来的？"

他摘下耳机，"王兔兔，你是不是瞎，咱俩一个车，我就坐你后排。"

我侧身，拒绝和他对视，"你跟来干吗？"

"你是我业主啊。"江岑环住手臂。他一米八八，我得抬头看他。"你这房子装修方案定不下来，我怎么跟我老板交代。"

我知道他是受我爸委托跟着我来的。

我本意是"一个人说走就走的旅行"，结果江岑强行加入，还带有商业色彩，这场"文艺青春伤痛"之旅瞬间没了感觉。唉。

3

江岑是我的发小，互相知根知底，他知道我历届男友的家庭地址，我也对他历届女友的星座爱好了如指掌，然而奇怪的是，我们总是错开，我谈恋爱的时候他单着，他谈恋爱的时候正巧我分手。谜之魔咒啊。

因为我手机里有他抠脚的照片，他手机里有我刚割完双眼皮的素颜照片，于是我们成了最好的朋友，雷都劈不开。

高二的第二个学期，我去割了双眼皮。刚割完感觉自己美美哒，第二天一照镜子我差点儿没气晕过去，两个眼睛向外凸着，又红又肿，在此告诫广大青少年不要轻易模仿，臭美有风险啊，那张脸肿得，连我妈都认不出来我。但江岑有一双火眼金睛，在我下楼倒垃圾的空当儿一下就逮到我了。

"走，吃夜宵去。"他站在阳台上冲我喊。

"拜托哥们儿，你看我眼睛，怎么能出去！"我露出那双金鱼眼给他看，在他面前我没考虑过形象问题。

当然，我也没啥形象可言。

他上下瞥我一眼，"你需要用眼睛吃东西？"

他说得好有道理，我一想也是，于是就拿了副墨镜，屁颠儿就跟着他去了。

你见过大晚上穿着睡衣戴着墨镜在路边吃大排档的人么，如果你见过，那人就是我了。

周围吃蛤蜊喝啤酒的顾客像看神经病一样看着我，我依然没心没肺地吃着烤面筋，"老板再来俩烤火烧，不要辣椒多放孜然。"一边转头问江岑，"你觉得带我出来丢人吗？"

"不丢人，我觉得你特酷。"江岑真诚地看着我，"特别是在你付钱的时候，有种挥金如土的潇洒和帅气。"

你说什么？能接受我最丑样子的男生才是真爱？狗屁，江岑他纯粹是没钱了来蹭我吃喝。

但是后来江岑告诉我，如果早知道就是在那次大排档上我和赵家青好上的，他无论如何也不会叫我出来蹭这顿饭。

估计是暗中观察了半天，在隔壁桌吃烧烤的赵家青一脸心事地移到我对面，"我知道你，你叫王免免。"

赵家青是隔壁理科班的，打得一手好球，也撩得一手好妹。在此之前，江岑的班级和赵家青的班级有一场篮球对抗赛，江岑的现任女友小C非要拉着我去操场看江岑打篮球。

他打篮球有什么好看的，小时候江岑还没我打得好，每次他输球，都要被罚请我喝鸡汤，配上两三只烙得金黄喷香的壮馍，人间美味。所以我一看到江岑打篮球就想到鸡汤壮馍，我一想到鸡汤壮馍我就饿得走神。

然而当我回过神来，发现小C正微笑着看我。

"王免免我有个问题想问你，你知道的，男生嘛，心里总有红颜这样的人存在……"小C说，依然微笑地看着我，"更何况还是一起长大的红颜知己……有时候……红颜她……"

她太啰唆了，而且笑容有点儿僵硬。"你想说啥？"我问她。

"你喜不喜欢江岑？"她说，不再微笑了。

瞬间我就懂了，她把我当成假想敌了。但我习惯了，江岑的历届女友都把我当成过假想敌。我特委屈，恰巧住一个小区，恰巧同一天生日，恰巧从小一起玩大，恰巧我不是男的，造化弄人，这能怪我吗？

"当然没有，你放心啦。"我拍拍她的肩膀。

她不信，她看我的眼神里就写着一百个"扯淡"。

最后一个夏天

唉。我叹了口气，表示理解。

于是为了让她安心，我看了眼球场，"我不喜欢江岑。"我说，指着面前的一个大帅哥，"我喜欢这个男生。"

当时我还不知道"这个男生"名叫"赵家青"，而在说出这句话的时候，赵家青和江岑同时看向我，球都忘了抢了。

于是小C放心了，于是全年级都知道了我喜欢赵家青。

但我知道自己并不是真的喜欢赵家青，所以当我穿着睡裙肿着眼睛戴着墨镜，左手一只肉串右手一只烤翅面对他的时候，我一点儿也不觉得尴尬。

后来我问赵家青到底喜欢我什么，他毫不犹豫地说："明明面对宇宙第一大帅哥，你却还有着谜之淡定，难得。"

……他可真贱。

等赵家青从大排档离开了，江岑这才从外面打完电话回来，脸色不太好，问都不用问，肯定是和小C吵架了。我对他晃了晃手机，"赵家青问我愿不愿意做他女朋友。"

江岑顿了一下，"那你想答应吗？"

"我不知道。"我看着他。

"答应也行，能接受你现在这样子的男生，一定是……"他喝了一口扎啤，"眼瞎了。"

我抢过江岑手中的烤肉串，白了他一眼，低头给赵家青发了个"好"。

后来江岑告诉我，如果早知道就是在那次大排档上我和赵家青好上的，他无论如何也不会叫我出来蹭这顿饭——因为他觉得赵家青长那么帅，砸我手里，可惜了。

……我谢谢他。

然而，在我答应做赵家青女朋友的第三天，江岑就和小C分手了。谜之魔咒啊。

4

我和江岑来到苏州的第二天就冷战了。

事情要从吃饭说起。我是赌气跑出来的，我以为我会极度难过，至少会心塞得吃不下饭，然而我依旧胃口甚好，还比平时多吃了一碗米饭。

这也怪店家的饭碗太小，盛饭太少，根本满足不了我这个北方弱女子的胃。

江岑被面前堆起的饭碗吓到了。

"五个小C都吃不过你。"他说，"你吃那么多，能把我吃穷。"

我被噎到了。

"那小C吃那么少，也没见着你暴富啊。"我没看他。

"幸亏你不是我女朋友。"

"呵呵，我要是你女朋友，小C还不得生吞活吃了我。"

"不要这么说她。"江岑看了我一眼，没什么表情。

"你先说的。"我瞪他一眼。

"好。"他把他的饭钱放在桌上，"我不说话了。"

我生气的是，你不说话可以，但你先把饭钱帮我结了啊。

身无分文的我就眼睁睁地看着他走出餐馆消失在街头，然后眼睁睁看着店老板向我走来。

"老板，缺刷盘子的吗？"我回头冲着老板咧出大大的笑容。

于是小仙女下凡到人间的第一件事就是在餐厅后厨刷盘子，心里暗骂江岑千百遍。江岑，老娘跟你没完。

这时手机响了，我赶紧冲了冲手上的泡沫去接电话，如果是江岑，我一定骂哭他。

然而并不是，屏幕上显示着我爸的头像。

我把电话挂了。

等我挂了十八个我爸的电话，终于等来了江岑的来电，手一滑，盘子碎了一摞。

"王叔叔给我打了电话他现在很担心你……"电话里传来江岑的声音。

我看着满地的碎盘子，"哇"的一声哭了出来。

一分钟之后江岑就出现在我面前了，这混蛋一直在对面咖啡店默默观察着我动静。他付了钱把我从餐馆里接走了，离开的时候我莫名地产生一种《还珠格格》里小燕子被五阿哥从棋社黑店里救出来的激动。

"我本来只是想吓吓你。"江岑递给我一张纸巾。"谁知你死倔，还不给我打电话求救。"

"我的错？"我用被水泡肿的手揉着哭肿的眼睛。

"是我的错。"他服软。

谁对谁错，认错总是他。十八年来都是这样。

为了表现出我的悲恸欲绝，我决定绝食一天以表决心。

"我是仙女我只喝露水。"我说。

"狗屁。煎饼果子吃不吃。"他停在一个摊位前。

"吃，不要葱，加俩蛋。"我自觉地凑上去。

不是我立场不坚定，而是敌人太狡猾。江岑一路逛吃，吃相甚香，我当然不能眼巴巴看着他吃，于是加入了他的逛吃队伍。

但怎么吃就是吃个胖，你说气人不。

正当我吃得开心，赵家青来了电话。

5

"王兔兔。"

"干吗？"

"在哪？"

"苏州。"

"和谁？"

"江岑。"

"好。"赵家青说，"好，好。"

他连说了三个好，我知道他快被气炸了。

"我觉得我和赵家青快要分手了。"我挂了电话跟江岑说。

"喔？"江岑递给我一张留园的门票，冲我挑了下眉毛。

说实话，帅到我了。

中午时分，院子里的人还不算太多，庭院深深深几许，无尽的流水与落花，我透过雕花的隔窗看着江岑，他今天穿着一件白衬衣，眉眼处尽是少年的灵气与温润。几百年前，古代的小姐们是不许出门也不许随便见男宾客的，只得偷偷透过花窗看着意中男子的音容笑貌，悄悄害羞，悄悄欢喜。树影斑斓处，公子偶然对上的目光灿若银河浩瀚，于是，小姐一时乱了。

正如现在的我，看着江岑对上来的眼睛，乱了分寸。

陌上人如玉，公子世无双，诗句中所描述的，大概就是我眼前的这人吧。

"怎么了？"江岑靠过来。

"没事。"我佯装咳嗽了一下，避开了他的目光。

这是我第八十八次慌张了，每当那颗心脏因为江岑而跳动的时候，我就会慌张。我不明白我为何会慌张，也不明白我为何会喜欢。

喜欢这件小事儿，真让人摸不着头脑。

"我跟赵家青说分手了。"我说。

江岑微微皱眉，"怎么突然说分就分了。"

"我从一开始就不喜欢赵家青啊。"

"不喜欢？"江岑皱眉更深了，"那你为什么和他在一起？"

"不喜欢就不能在一起了？"我看他，"那喜欢也不见得非要在一起啊。"

"别给我玩儿文字游戏。"江岑说，"王兔兔，为人君子应该坦荡荡你知道吗，你交往了那么多男朋友，每一个都不长久，你这样不好，会被人说水性杨花的。"江岑突然说话文绉绉，我知道他这是真的生气了，他生气的时候说话就特别像个文化人。我记得小时候我把他惹生气了，他当时就怒背一整首弟子规来批评我，当然，那时候我还小，啥也没听懂。

但是说我水性杨花？我气了，又气又慌张。

这是第八十九次慌张。

"好啊，我坦荡荡，江岑，我从小就喜欢你，可每当我喜欢你的时候你都去喜欢别人了。我发现我爸出轨吓得给你打电话，结果你不接电话还发短信说在和小C吃饭。在我最难过的时候你说你在吃饭，好啊。从此我不敢喜欢你了，但我好像又不喜欢别人，可我就不信这个邪，于是我就不断地谈恋爱啊，逼自己喜欢别人。我坦荡荡了，来啊，你也坦荡荡啊。"

江岑被噎得一句话也说不出来，他只是睁大着眼睛看着我。

我瞪他，"看什么，让你看了吗你就看，给钱了吗你就看……"

而下一刻我就尝到了他嘴唇上的薄荷味，江岑环住我的肩膀，我一愣，感觉唇齿间清甜，我又慌张了，接着推开了他，跑出了留园。

人人都道苏州是个不舍之地，未老莫还乡，还乡须断肠。可我还是逃一样离开了这个地方。想来，我一直在逃，不敢面对爸爸，不敢面对江岑，也不敢面对我自己，没错，我就是这么一个浑身都是缺点还不让人省心的懦弱姑娘。

手机里有江岑九个未接来电，还有他的短信。"那天的短信是小C发的，我也是因为这个才跟她分手。当你在篮球场上说不喜欢我的时候，我以为我们永远没办法在一起了，但我还是喜欢你，是我错了，我就是一个大写加粗的傻子，如果当时我主动一点儿，那么多年我们就不会错过了。"他有些语无伦次，不少语法错误还打错了字，我知道他慌张了。

你让我慌张了八十九次，我让你慌张这一回也无妨。

我觉得好累，关了手机，昏昏沉沉睡了过去。

打开家门的时候我感觉手上的血开始倒流，我有些不敢面对这扇房门、这个家。我麻木地看向客厅里的爸爸，他正认真地给妈妈修剪脚趾甲，两人一愣，又都惊喜地看着我。

如果那天我没看到他的手机，没看到那些暧昧短信，这可真是一幅温馨和谐的画面。

我以为我会被爸爸臭骂一顿，我以为我对他的仇恨会升级加深。

而他却小心翼翼地走过来拿下我的背包，他说："免免，你生爸爸气了？"

我长呼了一口气，决定不再逃跑了。我们总是慌张，是因为迟迟不敢面对那些早该面对的事情。

"爸，有件事我想跟你谈谈。"我看着他眼角的皱纹，"单独。"

他低头，又看着我的眼睛，"好。"

6

之后我删除了各种前男友的联系方式，我还给赵家青手书了一封八百字不打草稿的道歉信，如今我无须再强迫自己喜欢别人，现在我知道那样太蠢了。我整日把自己关在房间里，看书画画或是背英语，现在我知道，我要爱自己。

之后我再也没跟江岑联系过，街角的大排档里也少了我们的身影，鸡汤店的婆婆见了我还会问："那个经常和你来吃鸡汤的男生呢？"

那个男生啊，早就深藏在少年少女的岁月中了。

两周后我来到新房子查看装修情况，那面大青色的壁布已经贴好，棉麻质地，手感很好，然而在一个小角落里我发现了江岑丑丑的字迹，"免免我喜欢你从八岁第一次输球开始。"他还在一边画了一只更丑的心形。丫的，在我家房子里乱写乱画，我得扣他工钱。

打开门我看见江岑穿着施工服站在电梯口看着我，后来我知道他已经在这儿守株待兔两周了。

我装作没看到他，径直走下楼梯，装淡定。那可是十六楼啊。

"你饿了吗？"江岑跟在我身后。

"你不要跟着我。"我说。

"去吃东西吧。"他说。

我看着脚下的台阶："我不想跟你讲话了。"

"我们是去吃芝士火锅还是吃铁板鸡。"他眼睛紧跟着我。

"铁板鸡。"我说。

生气归生气，吃归吃，你看，我一向就是这么理性分明。

江岑偷偷笑了，我偷偷看见了。

"我穿着这施工服和你出去吃饭，你不觉得丢人么。"江岑看我。

"不丢人，我觉得你特酷。"我抬头真诚地看着他，"特别是在你付账的时候，有种挥金如土的潇洒和帅气。"

桐花盛开的街道

人生孤独，没有人会嫌弃记忆丰盛

浅步调

很小的时候，去姥姥家是坐在妈妈自行车后座的艰苦旅程。那时候，到姥姥家的路都是乡间土路，摇摇晃晃，左颠右簸，仿佛非要屁股炸开花才会到达。我双手紧紧拽着妈妈的衣服，一路的风景就是妈妈的后背。夏天的时候会有汗浸湿的痕迹，冬天的时候，会有风把衣服吹动鼓起的风包。调皮的时候，也会歪一下头，看看除了妈妈的后背，路的前方是什么样的风景，而到达姥姥家，还要颠簸几个上坡路。

姥姥是个独立任性的人，连疼人都带着不让人拒绝的理由。有时候我怕她，有时候我恨她，但更多的时候，我爱她。姥爷去世得早，姥姥的小院，四季如一，新鲜又充满冒险。在那个小院里，有我爱吃的枣子和樱桃，每个果子成熟的季节，搬个板凳坐在小院的椅子上，风一吹动，仿佛张开嘴，嘴里就会掉进一个甜甜的奖赏。但是姥姥从来不让我爬树去摘，而是自己拿着竹竿一个个地敲下来，或者找邻居家的哥哥们来帮忙摘。每次我往树边一跑，她就厉声责怪让我老实点儿。站在下面等着吃的人，总是一肚子怨气。

在姥姥的口袋里，还会藏着我爱吃的几颗糖果和不多不少的零花钱。姥姥拿捏数拿捏得恰到好处，糖果不会多到坏牙，零花钱也不会多到妈妈不让收。就连打人的气势，也能保证吓到我的同时，却不用真动手打我。

有一年冬天，我偷偷跟着邻居家的哥哥跑去河岸冰上练习滑冰，因为太怕滑倒，几个来回还是学不会，邻居家的哥哥们果断抛弃我，在冰面上快乐地滑行。我无聊地在冰面上四处晃荡，冬末的正午，冰面开始噼里啪啦地炸响，独自站在冰面的我，傻了眼，任双脚"不由自主"地落进了冰冷的水中。到底有多冷，早就不记得了。记得的只有姥姥用几床被子裹着我，把脚直接抱进怀中，皮肤相接处的温暖，是往后的日子里，不会再有谁会给的毫不犹豫。

某个炎热的夏天，来了走街串巷算命的老头。姥姥掏出来大把大把的零钱，说给这个丫头算一算。那个眼睛看不见的算命老头说这个姑娘命里注定会怎么四方怎样天涯，他描绘着莫须有的蓝图，说这姑娘何时安居何时成家，何时事业攀升何时运图坦荡。姥姥听得眼睛放光，手来回抚摸着我的头发，一直拢不住嘴地笑。傍晚做饭的时候，我照旧拿着勺子敲着饭盒，蹲在旁边等姥姥热腾腾的饭菜，姥姥对着炉火，满面红光，却突然叹气道："姥姥是等不到丫头那时候了……"

一直长大到十五岁，我都还是不懂姥姥那一刻的悲伤。

十五岁，初三，春回大地，地里耕牛开始翻新土壤，播下新的种子。姥姥在某个平常到不能再平常的午后，在自己守望了无数个四季的院子里，迎接了生命的最后时刻，身旁一个人都没有。

我的姥姥，以这样平静又不打扰人的方式，向爱她的人，道别了。

后来，我考上高中，读了文科，去离家很远的地方读了大学，走了很多地方的路，认识了很多有理想有抱负的人，看了很多精彩又不一样的风景。每天每天，新陈代谢在我看不到的地方，带着我的细胞不断更新。我理应欢喜愉快地接受新未来，却常常在很多时刻，不由自主地想起姥姥，不由自主地觉得寂寞。

看到去姥姥家的路，修成了干净整齐的柏油马路，路边种上了万年青，想跟姥姥在夕阳坠落的午后，挽着胳膊一起走；学会骑自行车的时候，想骑自行车载姥姥；拿到驾照的时候，想开车带姥姥去看看。

看到姥姥家的院子开始颓败，植物死了，地上生满野草，房门落上尘土，想跟姥姥一起打扫，想坐到藤蔓下，张嘴等待一颗樱桃的坠落；街边小摊开始卖樱桃的时候，秋天开始吆喝甜枣子的时候，都会想起姥姥家小院的四季。

要去北京读大学的时候，想跟姥姥分享这样的消息；想家的时候，想握一握姥姥的手，搁在脸上温柔地蹭蹭；喜欢上一个不会喜欢自己的男孩子的时候，想靠着姥姥的肩膀，委屈地掉几滴眼泪。

拿到奖学金的时候，自己一个人坐末班地铁回学校的时候，辛辛苦苦得到梦想的实习机会的时候……

每一个人生闪光和人生灰暗的时刻，想到姥姥的不在场，就好寂寞。

那天在知乎看到一个问题：你在有生之年看不到什么？有人回答说："我们的长辈，在有生之年，看不到我们的八十岁。而我们的有生之年，也看不到后辈的八十岁。"这个既定又正常的事实，忽然让我热泪盈眶。

二十岁的时候，终于明白了姥姥在当年空气突然安静时说的那句"姥姥是等不到丫头那时候了"。

人生孤独，没有人会嫌弃记忆丰盛。在有生之年，请尽情地爱、尽情地表达、尽情地创造回忆。每天用力生活一点儿，因为我们在一起的时间，相比我们不在一起的时间，要多得多。经年累月之后，拿着回忆残喘度日的时候，也会庆幸，当年我曾与姥姥靠得那么近。

每一颗星球都需要仰望

骆　可

1

邵扬打来电话时，宁柚桐正为刚才花的三十三块钱肉疼不已。

三十三块钱，够她去二食堂吃顿好的，够她从网上买条廉价的裙子，够她看场昂贵的半价电影……而她还是狠狠心按下了确认键。

有句话怎么说的来着，舍不得孩子套不住狼！

黄晓明说第一眼看到赵薇便惊为天人，宁柚桐第一次见到邵扬时，怕也是这种感觉。

一眼万年。

没错，因为邵扬，她才去下了这款手机游戏。哪怕她的消消乐里只有几个人，哪怕邵某人已经玩到了两百多关。

他说宁柚桐，你现在马上下楼，去外语系拿投影仪，下午活动时要用！

等她屁滚尿流地跑去外语系，发现邵扬正和外语系的学生会主席在那儿谈笑风生。

自己明明在这里，干吗让她再跑一趟？

来都来了，免费看两眼帅哥也是好的。怀揣着这个龌龊的梦想，宁柚桐女汉子附体般把幕布卷起来就要扛走时，终于知道叫她来的目的。

——像这种粗活哪是男神能干的，根本就是留给她这种女汉子的嘛。

可是……

邵同学干吗用这种怪异的眼神看着她，难道还要再扛一箱苹果回去？这么趁火打劫，不太好吧？

咳咳。邵扬干咳了两声，"那个，我们只是来借投影仪的。"

噢买嘎！是苹果箱旁边那个东西……

好吧，女汉子和男神这种组合果然不搭。

宁柚桐做贼般拿起那个小东西，小心翼翼地从邵扬身边经过。然后屏心、静气——

她闻出他今天用的是柠檬味的洗发水，回去正好经过小超市，她也要去买个同样味道的洗发水……

组合不配，先洗发水配也是好的嘛。

正想着，一个趔趄——

还好她今天穿得厚实，还好她将投影仪死死地抱在怀里，还好只是她自己擦伤了点儿皮。

狼狈地从地上爬起，尴尬地看着邵扬。

"东西没坏！真的没坏！宁为我碎，也要它全！"生怕对方不信，宁柚桐赶紧把怀里的机器掏出来，感觉不像内疚反而像某种动物在叼回主人丢的球后等着邀功。

"哦。"邵扬扯起嘴角。

他这是……在笑吗？

他竟然在笑！

对着她在笑！

他说，宁柚桐你把衣服穿反了。

天呀！丢死人了，她要找个地洞钻进去。

2

宁柚桐整整一星期没去系学生会，连去食堂都绕着道走。每天出宿舍前，都要在镜子前照好几次，生怕又穿反了衣服。

好不容易挨到周一，系学生会主席会安排新一周的工作，作为一名新进的小干事，她没有理由不去。

磨磨蹭蹭地下楼，磨磨蹭蹭地推开学生会的门。

以往，她都是飞奔而来。

还好，人都已经到齐了，邵扬正背对着在安排工作，没有人注意到她的出现。她轻手轻脚，准备去角落里装隐形人。

"宁柚桐，你应该很擅长设计，AI就交给你了。李强你负责……"

宁柚桐"哦哦哦"了半天，她明明已经小透明了啊！难道他背后还长眼睛的？

她以为他会继续嘲笑她把衣服穿反了这件事，就算不嘲笑，至少也会再调侃几句这几天干吗躲起来不见人。

正常人应该都会这样吧？可他，好像根本就不知道她已经一个星期没有出现在这里了。

而刚才，他好像说……

谁能告诉她AI到底是个啥？

像她这种最多只能用个美图秀秀，连PS个帅哥都能PS出外太空生物感觉的人，到底要怎么去使用什么AI？

各种上网搜索，总算弄明白了AI到底是何方妖孽，下一秒就想把那些草图狠狠地摔到他脸上。问问他什么叫你应该很擅长！她这个数学系的女生到底哪里看出来擅长了！

可她是宁柚桐啊，是不服输，宁肯搜一晚上游戏战略只为能追赶上他脚步的宁柚桐啊。

于是，在网吧里熬了两个通宵，终于把活动中各种

logo做好。结果邵扬看了看，说哦，做得还行，不过用不上了。我忘了告诉你，这期我们临时更换了主题。

他到底知不知道自己在说什么？

她好想冲上去问问，你丫手拽了吗？打个电话，发个短信会变狮身人面兽吗？可她还是硬挤出一丝笑，"小意思啦！花了半个小时而已。"

"是吗？本来还想请你吃饭。"

啥？请吃饭？

宁柚桐的"好"字已经在嘴边了，邵扬把图随手一塞，"看来应该不用了。"

什么叫应该不用了？

神啊，请默默掐死他吧！

3

宁柚桐的心里飞沙走石了好几天。

谁说钢铁女战士不能有一颗少女心？她捂着那颗汩汩流血的心，一个人躲在角落里玩手机，玩得那叫一个不亦乐乎！

什么彩虹宝石，解救萌萌兔……她的风车币沙漏银币精力瓶啊，眼看就要收入囊中时，手一颤，交换错了……

简直生！无！可！恋！

"怎么，你也玩游戏的吗？"

废话！只要不瞎都知道她在玩游戏！等到转身发现是邵同学，立马换了嘴脸，"是啊这么巧，你也玩这个啊。"

根本就是她看人家玩才去玩的好吗？还有到底是哪里不对了？怎么感觉邵扬笑得那么居心叵测呢。

……人家根本没有说他在玩呀！

好吧，此地无银三百两！

都说塞翁家丢了匹马，有个叫焉知的人不是什么好东西！

果然，宁柚桐终于突破五十大关时，邵扬发来短信。那是他第一次给她发短信。

她激动地打开，激动得都要老年痴呆了！

结果他说："快上游戏，送我精力！"

你妹！难道她生下来就是为了给他送精力的吗？男神又怎样？最起码的气节还是要有的！

她飞快地上游戏，连接网络，她这个月已经加订了第五个流量包。然后郑重而神圣地在邵扬的游戏画面上，点击一个赠送。

气节这东西难道不是用来吃的吗？

事实证明，气节这东西果然是用来吃的。

直接上游戏，连接网络，然后点击赠送，下游戏，准备去床上反思一下人生。

结果短信又响，难道没有收到赠送消息？

桐花盛开的街道

点开短信，他说："我在楼下！"

这是什么情况？赶紧翻看上一条未读短信。

他说，你有空吗？

So what？不是来要精力的？

4

宁柚桐没穿外套趿个拖鞋就跑出来，邵扬正坐在女生宿舍楼门前的台阶上发呆。

有来往的女生小声议论，作为数学系系草，作为系学生会主席，他有足够的理由吸引那么多的目光。

何况他身边还站了一个衣衫不整的宁柚桐。

"辩论稿发现我是网上下载的了？上次外语系系花去学生会找你……我真不是故意没告诉你，我发誓！"

见他没反应，宁柚桐战战兢兢，结巴说道："物、物理系论坛上发帖子挑战的事，也是我干的。"

这次，邵扬终于有了反应。

他说："能陪我走走吗？"

啊？难道杀鸡前还得先遛两圈？

她跟在后面，从宿舍楼走到北二楼，又从北二楼走到图书馆和小礼堂，最后沿着寂静的小路一直走到了操场。

宁柚桐悔得肠子都青了，没发现前面的人已经停下来，一个躲闪不及，差点儿撞到。

完了，他终于要发飙了，还是先跑比较保险。

那个连星星都隐藏的夜里，操场上出现了一对怪异的组合——女生拔腿要跑，男生突然将她的手握进掌心，然后慢慢放进外衣口袋。

他说，宁桐柚，不要说话。只一下，一下就好。

这是什么情况？外星人攻占了地球？

转眼寒假。

整个假期，邵扬都呈人间蒸发状态。宁柚桐天天抱着手机，快要吐血。她觉得，就算他不和她说点儿什么，至少可以聊聊游戏不是吗？

她不想承认自己因为那个毫无意义的牵手，甚至连个年都过不好。

她还没想好电话接通了是说新年快乐，还是说我已经玩到了第七十六关，又或者直接问他那个晚上是不是她一个人的幻觉？

结果她还没想好呢，电话里传来一个呆板的女声。

——他电话关机了。

再打，再关机。

打到后来，宁柚桐已经会背那句话了。

Sorry, the subscriber you dialed is power off. （对不起，您拨打的用户已关机，请稍后再拨。）

终于开学。

宁桐柚第一件事就是去学生会。

他在。

他很好。

她大大地松了口气。

"那个……"等到人们陆续散去，宁柚桐假装不经意地问，"你电话怎么一直关机啊？"

"我换号了，之前那个不用了。"

哦，换号了……

他说什么？

怎么不说看了霍比特人、加勒比海盗、变形金刚和阿凡提？

这些都比说他换号了好笑好吗？

可宁柚桐一点儿也不想笑，她只觉得心里突然裂开道口子。

5

都说好了伤疤忘了疼，这伤疤还没好呢，宁柚桐又颠颠跑过去。

中心思想是有个男生想追她，可她又不知道怎么拒绝，能不能请系草同学假扮一下他的男友？

问完，不等邵扬回答，连忙说道："没关系没关系，你不方便我再找其他人！"

他一面翻着资料，一面面无表情地说："如果明天你起得来和我一起吃早餐，我倒是无所谓。"

亲，别说吃个早餐，就是吃金刚葫芦娃也没问题啊思密达！

等一下，他这是……答应了？

好吧，她那颗被生灵涂炭的小心灵，一下子就又花枝乱颤了。

换号没告诉她，那又怎样！他还是愿意做她男朋友，哪怕只是假装，哪怕那个追她的男生连半次都没有出现过。

她和他一起上课，一起去食堂，一起走在玉兰花的香气里，一起去网吧看球赛。

一大群男生聚在一起，狭小的空间里堆满了空啤酒罐和花生米。

看到兴奋处，有男生开始脱上衣。一面脱一面嘴里吹着口哨，甚至还做了个要解裤子的动作。

邵扬用手捂住她的眼睛，说太晚了，你回去吧。

宁柚桐不肯走，"物理系不是正式接受挑战了吗？全系上下都等着一雪前耻，作为一名宣传干事，我怎么能不提前补习一下知识！"

她说得义正词严，早忘了罪魁祸首的事。

"再说了，有你在我还怕什么？"她笑嘻嘻地凑过去，"不是一会儿你也会脱衣服吧？"

那个时候，宁柚桐以为，就算邵扬现在不在她碗里，也在去她碗里的路上。

可这世上，还有个词，叫意外。

赵莎莎出现的时候，她正忙着做数学系必胜的宣传海报。

那个树上知了拼命鸣叫的午后，赵莎莎以一种女神的姿态空降到她面前。

彼时，整个学生会都沸腾了，男生们争相跑出去一睹风采，连女生都惊叹连连。

"哇，好美！"

"哇，好漂亮！"

"哇，好美好漂亮！"

说这么多废话污染地球有意思吗？宁柚桐在心里嘀咕。可一个师范大学学文的女生，到底是怎么转到了理工大学的数学系？目的是什么？

什么是女神，不仅亲民，还很喜欢答疑解惑。她望向邵扬，"我追了整个假期才追到S大！"

原来……原来。

他换号没有告诉自己，是因为她吧。

他没有上游戏，也是因为她吧。

宁柚桐仿佛一下子回到了人间，并且还重重摔了一下。

有人起哄，说老实交代，怎么认识的？

邵扬让大家别瞎闹，赵莎莎倒是落落大方，"放假时在公交车上认识的，他帮我抓贼，结果下车却发现自己手机没了。"

众人发出一个长长的哦——原来英雄救美！

赵莎莎眼睛里面噙满了笑意，"其实，我一早就看到那个贼把手伸进我包里，我只是不知道怎么和他要电话号码。我倒是要感谢那个贼来着。"

"谁知道你和那贼是不是一伙的！"宁柚桐也被自己这个神推理给吓到了。

整个世界静默了一秒钟，赵莎莎张扬地望着宁柚桐，"你也可以这么理解。"

6

有了赵莎莎的学生会顿时变得热闹非凡。连平日里和所有系都老死不相往来的考古系，都恨不得把他们的祖传尿壶拿出来显摆。

结果，还真就丢东西了。

物理系系草的古董怀表不见了，吃饭前明明就放在数学系学生会的桌子上。

可关键，这期间只有宁柚桐回过系学生会。

丢东西的人扬言要告到学校的保卫科，宁柚桐说好呀，去就去！身正不怕影子斜！

邵扬拦住她，说再想想，到底有没有看见。

他这是在怀疑她吗？

"是啊！一旦不小心装到自己兜里了呢！"说话的是赵莎莎小姐。

宁柚桐忍着上去抽死丫的冲动，让眼泪在眼眶里转了几圈又憋回去。

"三天后还是没结果，咱们就保卫科见！"

三天……你就是三年，她也不能把根本不存在的东西给变出来啊！

宁柚桐回了宿舍又折回去，她觉得全世界怎样看她都没关系，唯独他不能！

因为他关机，她一个人坐了大年初一的火车，到他的城市里。

因为他关机，她在大雪里冻了一天。

因为他关机，她走在大街上问每一个经过的人，知不知道一个叫邵扬的人住在哪里。

而现在，他怎么能怀疑她呢？

她跑得那样快，那样急，以至于在看到赵莎莎那一刻，整颗心都要跳出胸腔。

她永远都忘不掉赵莎莎闭上眼，邵扬吻上她脸颊那一幕。忘不掉邵扬跑来告诉她怀表找到了她木然走掉时，他满脸的疑惑。以及她再次出现在他面前，他脸上无法言表的落寞。

该落寞的人是她啊。

可她是谁？她是宁柚桐！是花三十三块钱也要过关的宁柚桐！所以，她怎么能让自己脸上的笑垮掉！

她说，我给你们介绍，这是我男友！

你看，灰姑娘就是灰姑娘。

就算丢了水晶鞋，骨子里也盛满了假装的坚强。

她望向邵扬，语气欢愉，"谢谢假扮我男友，这次是真的，货真价实！"

没有眼泪，没有撕心裂肺，甚至连句祝福都没有。

他死死地盯着宁柚桐，"我一点儿都不想祝福你！"

那么她该祝福他吗？祝福他和赵莎莎在一起了。

<h1 style="text-align:center">7</h1>

宁柚桐离开的时候，这个城市开满了大片的杜鹃花。那么美，那么艳，像极了一场盛大的爱情。你想闪躲，却扑面而来。毕业前，邵扬突然打来电话。沉默了一个世纪那样长之后，他说："宁柚桐你还好吗？"

他只是说，宁柚桐你还好吗？因为这句话，她跑到厕所里偷偷大哭。

从头至尾，明明连句喜欢都没有，她却哭得不可自抑。

他说宁柚桐，你知道吗？为什么我自己明明在外语系，还让你去拿投影仪？为什么那期的宣传活动临时换了主题？因为你做的东西根本不能用！我明明知道你是AI白痴还让你设计，因为全系的人都知道我是AI高手，可你为什么不来请教？你说有人追你让我假扮你男友时，你不知道我有多开心。还记得寒假前那个夜晚吗？我和你并肩走在操场上。那时候我父亲病重，在我最无助的时候想到的只有你。寒假时父亲走了，我去了你的城市，哪怕根本不知道你住哪里。那个时候，我想在有你的地方至少可以让自己不垮掉。结果在公交车上遇到了贼，遇到了赵莎莎。

如果不是……他停顿了一下，声音里有了隐隐的哽咽，也许我们真的就在一起了。

他说的是如果。

宁柚桐轻轻挂了电话。

这个世界上最不缺少的就是如果。

如果明天世界末日，如果醒来中了五百万，如果像电影结局那样，在所有字幕都出现后，还要跳出一个惊喜的彩蛋。

而他在电话里最后一句说的是，如果不是你身边有了其他男生。

其他男生？

那个男生，他叫宁浩，宁柚桐的表哥。是看见那个吻后为了输得不那么惨，猴子搬来的救兵。

清冷的月光下，宁柚桐摸着被刘海挡住的额头上那道因摔下楼梯扭曲而丑陋的疤，想扯起嘴角笑一下，最后却变成一个无声的哭相。

　　她永远不会知道，邵扬给赵莎莎的那个吻，是让赵莎莎站出来指认看到物理系系草自己回了学生会拿走怀表的交换条件。

　　就像她去找他的时候，他正在她的城市里。

　　他们注定了。

　　要错过。

桐花盛开的街道

暖纪年

1

陈桐安从小最讨厌的就是晋阳。

此刻，陈桐安在地铁上倚着栏杆背单词，把头埋在书本里就开始忍不住微微发起呆。

突然有弧形阴影落在书上，越靠越近，直到有个帽檐戳着她的额头。有人面无表情地低头，歪头侧着脸靠近，清晰到白净脸上细细的绒毛都可见。

"喂，"他偏头，"看书一点儿都不认真。"

"边儿去。"陈桐安翻了一个大大的白眼，巴不得和面前的晋阳拉开车头到车尾的距离。

陈桐安从小最讨厌的就是晋阳，他们住在同一个小区的楼上楼下，晋阳从小就抢她零食抢她玩具，被大人发现了，就苦着脸委屈巴巴说："我不知道不能这样做。"一转身就咧嘴笑，头上都似乎顶着小恶魔的尖角。不定期迈着小短腿上楼蹭饭，卖乖撒娇抢走碗里最后一个鸡腿。每当她想冲上去扯他头发的时候，都会被母亲拦住说——多大点儿事啊，要学着大方一点儿。

高中也是，从小调皮捣蛋的晋阳不知道怎么长开了，皮肤白净轮廓鲜明。性格也跟着180度转变，变得冷漠又难以接近，没有朋友却和高年级不务正业的学长混在一起，开学半年就因为打架被记了大过。对待外物也不痛不痒，但喜欢他的人很多。陈桐安在学校也和晋阳说不上话，除了有时一起走在回家的路上。但就是和晋阳的这一点点熟悉，害得她被漫长无期地排挤。

偏偏晋阳还当作没什么关系的样子，像小时候一样咧开半边嘴角，模仿着当年母亲的口气说——这有什么关系呢陈桐安，要学着豁达一点儿啊。

陈桐安气得把骨节搓得咔咔响。

可是这还真和陈桐安没有关系，这是晋阳和林仲鸾的故事，开始于突如其来的误解，绵延在路过走廊时回望的一眼，放学后黄昏浸满的教室，夜宵摊上锅碗瓢盆喧闹里的推心置腹……

而晋阳对陈桐安总是忽冷忽热，开心的时候什么事情都分享给她，说话口无遮拦，不开心就丢下她十几天不说话。气得陈桐安恨不得拿个小本子，一条一条把晋阳的罪状记下来，等到来日再报。

2

陈桐安与林仲鸾的友谊，来源于林仲鸾的刺青。

林仲鸾的成绩常年盘踞在年级前十，上课前标准动作就是扶扶她的圆框眼镜，上课的专心和效率让老师都忍不住露出教科书上标准的——慈祥又欣慰的笑容，不是年级前几那种很有天赋让人艳羡的大神，但足够努力刻苦。

可她也不像普通的好好学生，温柔耐心或者吝啬妒忌，下课后她摘下眼镜，脾气冷淡又暴躁，仿佛眼镜就是她的变身神器。普通的好好学生怎么会有刺青呢？蜿蜒在她瓷白的手臂上，既残忍又天真。有着成绩护体老师也索性当是年少轻狂，视而不见了，反正也没有办法去除。

班级里有个女生向晋阳表白不成功，还被他不务正业的朋友们嘲笑戏弄了一阵，然后莫名其妙的，这一切都被归咎在陈桐安身上。学生时期的排挤无非就是那几个套路，她说话时的突然沉默，参与班级活动时莫名被替换下来，背后的指指点点，还有经常凌乱的课桌。

陈桐安懒得理会她，回家路上全都一报还一报地打回在晋阳身上。

直到女生拿着墨水路过陈桐安桌子，"不小心"洒在她正在做的手账上，之前画的画记录过的事情全被墨水洇开了。

"我不是故意的。"女生没半分诚意。陈桐安小事懒得计较，大概她便也觉得只是个好欺负的人。

陈桐安冷着脸一摔书，"嘭"的就从桌子上弹起来，脾气好可不等于懦弱任人宰割。

更巨大的"嘭"声响起，邻座的林仲鸾本来趴着午休，撑着有刺青的手臂凶狠地站起来。她看看蒙了的女生，再仔细看看蒙了的陈桐安，快步冲上前。林仲鸾在陈桐安面前的时候迅速转弯，一把拽住女生的手把她逼退了好几步，快到她脸上得逞的笑容还来不及褪去。

林仲鸾拽着她的手，连同深色墨水，轻巧地翻个个儿，墨水调皮地迸在她的衬衫上。

林仲鸾面不改色心不跳，"我不是故意的。"

陈桐安沉默了一会儿，然后啪啪啪地鼓起了掌。

回家路上陈桐安带着还没干的手账本，"啪"的一声就按在晋阳脸上。

咦？至于那个成全友谊的刺青？林仲鸾的路见不平只是打破了她们之间的陌生感，毕竟嘛，少女之间推心置腹的友谊可需要不少时间。因为坐得近，她们开始有一搭没一搭地聊着天，也不知道哪个闷热的午后，风扇转着，让人疑心它随时都要坠落下来造成惨案。

林仲鸾聊得可开心了，不知怎么就卷高了袖子说起了刺青的由来。小时候因为成绩好老师偏爱，被女生抱团排挤，其中一个吵架时说不过她，气极拿圆规在她手上划了一道。林仲鸾攒够钱的十七岁生日，文上去一个等长的藤蔓刺青。

她卷起袖子，露出那个蜿蜒秀气的藤蔓，残忍又天真地舒展在她的手臂上。谁能想到，它的底色是一道无法褪去的疤痕。

3

同班的女生再也没找过她的麻烦了，晋阳不知道怎么的从晾着她到有一搭没一搭地聊天，偶尔一起去食堂吃吃饭。虽然清闲放心了不少，但想到女生之前糟心的行为，陈桐安还是想拿个小本本记住晋阳的名字，有空就戳他个三百六十遍。

晋阳和林仲鸾的相识就没那么顺利了，两个人面上都冷漠，戏弄起人来不留情面。某天林仲鸾站在操场上等着陈桐安，结果在旁边打球的晋阳二话不说像个煞神一样把她赶走了，陈桐安抱着零食出来的时候林仲鸾正黑着脸。

陈桐安小心翼翼地扯着她袖子说："晋阳说是要清场，其实还是怕球砸到你啊，他就是不太会说话而已。"

"真的？"

"应……应该吧？"

……虽然他可能就是真的想清场。

打架、记过、早恋、脾气高冷暴躁……越来越多标签和流言砸在这个和她从小一起长大的男孩儿身上，让陈桐安也慢慢看不清他的所作所为。

相反林仲鸢虽然也顶着很多偏见流言，但人是确确实实的面热心冷。之前体育课陈桐安跑步扭了脚，林仲鸢很赓，背着比自己重不少的陈桐安去了校医院。后来陈桐安才知道，那天林仲鸢有个很重要的数学竞赛没有去。

晋阳一开始对林仲鸢颇有微词。

"那个有刺青的女生据说不好相处啊，你和她玩得很好？"晋阳一边推着自行车和陈桐安回家一边说。

"不许乱说。"陈桐安忍不住甩了个大白眼给他，"'据说'里最不好相处的人可是你。"

和想象中一样，有所了解之后，晋阳和林仲鸢越来越熟悉，偶尔一起回家、吃吃夜宵。他们本来就是很相似的人，陈桐安也下意识划清合适的距离。

陈桐安某天回家发现忘记带东西，回去拿才发现晋阳在教室里和林仲鸢聊天，也不知道她说了什么，林仲鸢凶狠地一甩书包，结结实实地砸在晋阳身上。

好像不知道从哪天开始，晋阳打完球经过教室，总会转过身来，慢慢地看往某个方向，林仲鸢也会刚巧撑着手从休息中醒过来，抬头望过去。

陈桐安一个人扶着自行车回家，桐花在树上一簇一簇的雪白。她突然想到小时候，某天她突然就不和晋阳抢吃的了，把最后一个鸡腿夹在了他碗里，晋阳愣了愣，突然不愿意接受她的好意，碗一推就下了桌。

真是从小就阴晴不定啊。

她想着，突然就有点失落，风一吹，桐花星星点点地落下来。

4

某天放学后，林仲鸾去参加活动了，陈桐安和另一个朋友收拾着东西。

晋阳来教室找她顺路回家，这种时候很少见，大部分都是骑车回家路上刚好碰见，他们再一起扶着车慢慢走回通往家里的小巷。吆喝卖食物的小摊子摆得太多，没办法一路骑着回去。

朋友打趣着说我还以为你们早在一起了呢，陈桐安放书的手顿了顿，说怎么可能。

"也许……你可以考虑我啊。"

"你少跟着开玩笑，回去了。"晋阳一高兴说起话来就口无遮拦，这点陈桐安再熟悉不过。

"我是说真的。"

他歪着头笑，像儿时那样，不知道是天真还是顽劣的神情，身旁的朋友跟着两眼放着光想起哄。

陈桐安怔怔地仰头看他，然后毫无预兆的，眼泪噼里啪啦地落下来，晋阳完完全全错愕了，朋友也吃惊得不敢说话。

"陈桐安你有毛病啊？"他想扭过她的头，陈桐安头也不回，转身便走了。

陈桐安看着他一个礼拜前和排挤她的女生吃晚饭，没几日又和林仲鸾畅谈，晚自习后去吃夜宵，如今这又算什么呢？传言说他玩世不恭，真心太少，她总是听一半丢一半。

——可是、可是就算你想游戏人间，潇洒恣意，又为什么要用到我身上呢？

他们从小一起长大，他会在炫耀完得逞后偷偷把鸡腿丢到她碗里，会缠着母亲把扯坏的她的玩具补好，每次她冒冒失失打碎什么物件，也是他屡次"不情不愿"站出来承认错误。

曾经那个小小的少年哪去了？清白剔透，一点点欺瞒和误会都会让他羞愧到说不出话来？如今却可以面不改色的假意真心？

小时候的晋阳夹走了碗里最后一个鸡腿，陈桐安气急得想一跃而起扯他的头发。母亲淡定地摁住她，看着晋阳满足又慢条斯理地吃完，露出了教科书般慈祥又温柔的笑容，完全不管身旁的亲女儿悲痛得泪流满面。

等到晋阳走了，母亲才在明亮的落地窗前蹲下来，温柔地说："晋阳一个人太孤单了，你为什么不能多让让他呢？"

那天她才意识到，不是所有父母都不会分离的，晋阳家里只有忙碌的母亲，还忙着学校家里两头跑，留下冰冷的饭菜。

陈桐安的父母喜欢叫晋阳来家里，晋阳也很喜欢往陈桐安的家里跑。她家里的灯光是暖黄色的，有开阔明亮的落地窗。她的父母对他坦诚温柔的关切，不会让晋阳感到尴尬羞怯。忽然某一天，陈桐安也从气急败坏变成委屈巴巴地谦让他，用笨拙简单的方式留给他玩具、点心、和午餐。

然后晋阳转身便走了。

陈桐安发誓，再也不要对晋阳好了，这个喜怒无常的怪物，她也再不想听他口无遮拦的话。

她会误以为是真的啊。

陈桐安跑出去的时候看见了门口一脸错愕的林仲鸾，可她实在没有心力解释委屈了。

晋阳抓着头发，慢慢地、颓丧地说："我搞砸了。"

"看出来了。"林仲鸾叹口气。

5

晋阳打完篮球，用校服随便捂住脸，路过走廊时下意识地看往那个方向。

好巧不巧的，每次这时候林仲鸾就会撑着手起来，似笑非笑地望着他，用口型回答："别看啦，她没在看你。"

他假装咳嗽一两声，尴尬地把头歪向一边。

他们去吃夜宵，林仲鸾放下书包，说："这顿只能算冒犯过我的赔罪，想知道陈桐安的近况你还得等到下顿请客。"

晋阳气得折断了一把烧烤棍。

其实最开始啊，只是一个晋阳同班的女生来求助他，说她和同伴被外校的小混混在回家路上敲诈。晋阳二话没说就去帮着她们解决，那几个男生在路上惹是生非惯了，免不了打了一场架。结果晋阳以对学校造成不良影响为名被记了大过，那几个外校的男生学校管不了，后果完完全全由晋阳一个人承担了。

每个年级总有那么一两个万事通，可能是男生也可能是女生。他们合群人脉广，知道各种错综复杂的故事的缘由，林仲鸾就是向这样的一个女生打听晋阳的事情。

然后呢，林仲鸾问道。

然后我们学校混日子的那群男生就开始渐渐找起了晋阳，和他搭话打篮球去零食铺。晋阳似乎也慢慢默许了，晋阳一直都很奇怪，长得帅打篮球好又是学校乐队贝斯手，可是也从来不见他和学校的大神们抱团玩。大家都觉得他对谁都是冷冷淡淡、不甚在意的态度，晋阳不拒绝那群混日子的男生找他玩，却也从来没参与过他们的活动。

听着她的描述，林仲鸾几乎要认不出晋阳了。她所看见的晋阳，对着陈桐安话多得不得了，有事情主动帮忙，有错处主动承担，有危险还要及时拦截。可是每当陈桐安抬起头发现一点点端倪，他就立刻缩回去，一副随意顺便、玩世不恭的样子。

于是面对晋阳为什么和你那么熟的质疑，陈桐安总是摸着鼻子说，应该的应该的，总归是从小一起长大的。

"那个晋阳帮助过的女生后来向晋阳表白，他像平常一样冷着脸干脆拒绝了，你说他是不是很奇怪，不喜欢又要担着这么大的代价去帮忙。"

高一入学半年，晋阳就被记了大过贴在公告栏上，他高冷不合群难以接近，总有爱惹是生非的学长找他外出，有许多漂亮好看的女生到班级里来表白，像是个花心的人呢……流言蜚语把他包裹成校园里传奇遥远的人物之一，他也从来不屑解释。于是再没有人相信，从头到尾，他只是去帮了一个忙而已。

"你没事情做找那个泼墨水的女生吃什么饭啊？"

"当然是找机会泼回去啊。"

"……你真是幼稚得没边了！"

林仲鸾吃着烧烤，突然觉得心中一动，身边锅碗瓢盆翻动的声音、油炸翻滚的声音、天南海北喧嚣的聊天声好像都慢慢隐没，一切都静寂无声。

她喜欢上一个人，为他清冷外表剥开后，尚未被发现的温柔、善良、仔细。为同病相怜的隐藏和包裹，为他寸寸思虑的真心与深情。

她喜欢上一个人，在这最最不合时宜的时候。

6

小时候的陈桐安把鸡腿放到他面前。

小时候的晋阳却如鲠在喉，突然觉得他们之间的天平倾倒了，他从天真顽劣的平等玩伴突然变成需要格外关心的孤独少年。

于是他落荒而逃。

年少时下意识的逃避成了埋在他们内心的一颗种子，到现在都是这样，晋阳可以暗暗提供所有能给的关怀和帮助，却撕不下那层冷漠的皮囊。

我的命中注定，越美丽东西越不可碰。

所有的表白他都玩世不恭当玩笑说，背负着莫须有的斑斑劣迹，害怕着被拒绝被讨厌，却忘了对方也会真真切切地当玩笑听。晋阳把真心和赤诚说了一遍又一遍，终于把陈桐安犹疑又摇晃的心意拉扯冲散——他只是当成玩笑，你千万千万不要当真啊，你一当真，他便会反过头来嘲笑你了。

"陈桐安你怎么这么可爱，再发呆冰淇淋就化了。"

"喂！别动不动说让人误会的话啊！"

"陈桐安我真喜欢你——今天的衣服。"

……

"陈桐安，也许，你可以考虑一下我？"

……

陈桐安习惯于他开心时的口无遮拦，甚至觉得他不过是在练习如何哄女孩子开心。只是她从来都不知道，他每次见她都如释重负，好像一只刺猬终于能卸下重重的壳。

陈桐安，陈桐安，陈桐安……他们扶着单车走在七扭八拐的巷子里，陷入九曲回肠的心事，一个喋喋不休，一个烦扰不堪。桐花悠悠地落下来，塞满了狭小的巷子，铺成纷纷落雪，抹平在心上就成了寂寂荒原。

7

陈桐安一个人扶着单车慢慢走在空荡的巷子里，不知道从何而来的穿堂风逐渐聚拢，吹得她的心脏也跟着空落落起来。她抬头，桐花的花瓣正纷纷扬扬地落下来，像是天空突然疯狂地落雪，一瓣瓣雪白打着旋儿落下，却滞留粘连在她的脸上——等到她反应过来的时候，已经是这样满脸泪水了。

然后突然的，晋阳就从巷子里的拐角扶着车冲出来了，伴随着重重的踉跄。

林仲鸾把他踢出来的。

"我好像……搞砸了。"

"当然是选择追过去啊！"林仲鸾赶着晋阳抄小道追过去，在合适的路口直接把晋阳踹了出去。

"这次记得好好说话！"晋阳没能回头看，如果他回头，就会发现林仲鸾慢慢展开的，一个非常非常灿烂的笑容，像满心欢喜，又像如释重负。她的笑容慢慢绽放开，到了顶点倏忽收回，好像从来没有存在过。然后她慢慢慢慢后退，一边后退一边招手，向着晋阳的背影告别，一转身，没入纷纷扬扬桐花雪中。

晋阳慌慌张张地扶着自行车起来，顾不上膝盖手臂有没有磕磕碰碰。

陈桐安怔怔地停住，第一反应是伸手把眼泪都捂住。

落日慢悠悠地架在桐花树的臂弯里，饶有趣味地打量着这几个人。从叶子缝隙透过一束束昏黄的光线，落在窄窄的小巷子里，落在他们的校服上，落在纷纷落下的桐花上，温柔的一片昏黄色。落日倚着桐花树，忍不住想说——

你看，年少是多么烂漫啊。

如果你相信，可惜没如果

夏南年

佛不渡我，情字不可说，于是我用了最后一场眼泪，你却选择不相信我。可是有些故事，还是要慢慢说很久，怎么坚持呢？我选择用忽然而至的深情。

A面鳄鱼的眼泪

我叫沈绿绿，是班级里的话题人物，哭是我的拿手好戏。

同学都说我遇到想完成的事情就会不择手段地哭，我知道自己长得不错，眨巴几下眼睛，白皙的脸颊上滚动着晶莹的泪珠时，任谁刚开始见了也拒绝不了。

他们说我是影帝，背地里叫我"鳄鱼"。关于我的传闻有很多，像是什么没有爸爸，和妈妈很贫穷地在杂人区租房子住啦；和社会上那些乱七八糟的人混在一起，男友不断啦；最奇葩的是他们说，我的父母早就不要我了，整天放任我在外面问别人要钱⋯⋯

其实这些也不全是空穴来风，我在十二岁那年便明白，这世间一切都事出有因，比如这次，我答应项津帮他这个忙。

前两天项津拿着鲜榨的西瓜汁找到我，问我有没有办法让同班的夏子星和苏简晨不要有那么多的交流，他明亮又郁闷的眼神告诉我，夏子星就是听他提过的喜欢又不知道该怎么去追的女生。

天空湛蓝湛蓝的，我坐在高高的围墙上，呼噜呼噜吸溜完最喜欢的西瓜汁，拍拍手爽快地扔下一句"包在我身上了"就反身跳下了围墙。尘土在我脚下飞舞，我这个原本的局外人却要掺和进食物链里——项津喜欢夏子星，夏子星喜欢苏简晨，至于苏简晨，我想，我还是得去教室里看看他到底长什么样，毕竟我从来没和他有过什么交流。

不用想那么多，才不是狗血电视剧里说的那样，女主因为默默喜欢着哥们一样的男生又自我牺牲帮他和喜欢的人在一起，我和项津的关系很简单。他是唯一一个在我因为放学后拾废弃的饮料瓶被人欺负嘲笑时站出来的人。

那天的太阳像是要晒出我的眼泪，我低头拖着大大的袋子装作听不见旁边那群人嘲讽，项津突然跳了出来，他说："沈绿绿靠自己赚钱补贴家用哪里丢人了？倒是你们这群靠着爹妈那点儿工资在外面鬼混的人才恶心。"

　　说完项津拍拍我，"以后有哥们儿在，没人敢欺负你。"我和项津的友情就是从那时日渐加深的，我们一起捡瓶子，一起坐在围墙上喝饮料聊人生，这样的恩情，我没理由不答应。

　　我办事一向雷厉风行，下午就跑去了办公室。治病要从根开始，我和班主任说想和夏子星换个位子，我经常有题目要向苏简晨请教，正巧夏子星视力不好，也想坐在前面。老师对班里那些流言蜚语是不管不问的，再加上我靠着小聪明经常会有不错的成绩，简直是水到渠成的事情。

　　换完座位后，我给项津发了条消息，"我直接和夏子星换了座位，快点儿来报恩吧。"

　　项津回得飞快，"夏子星放学和他同路，一定要拖住他！"

　　"看什么呢？"我正想着项津这小子还有没有良心了，苏简晨突然把头凑了过来，吓得我手机差点儿掉到地上。

　　"没什么啊。"我开始发挥自己的影帝天赋，"班主任要我跟夏子星换位子的，为了庆祝我们成为同桌，放学我带你去个地方吧。"

　　"可是……"苏简晨下意识地望了夏子星一眼，我一咬牙，为了项津豁出去了。

B面缤纷的色彩

我是苏简晨。

夏天里的阳光还没有非常炎热，却闪烁着明亮的光芒，就像搬到我旁边的沈绿绿笑起来时神采奕奕的模样。

夏子星早就告诉过我关于她的所有传闻，她确实可以在一秒钟之内落下眼泪，哭起来梨花带雨，其实她不知道，在哭过得逞时她笑起来的样子才最好看。

我和夏子星同桌了很久，每次去小卖部都不忘主动给我带我喜欢喝的饮料，哥们儿都说她对我有意思，可是我懒得想这些，三天后要月考，半个月后有竞赛，我的日程紧迫得根本不容许我想这些乱七八糟的事情。

可是今天我才明白，那种微妙又烂漫的感觉。

A面愿你走来

项津给我的任务我完成得一级棒。

七月的最后一个夏日，我半真心半假装和苏简晨成了很好的朋友，并且预约了他之后放学的时光。我们坐在我家后面的围墙上喝他买的冰镇西瓜汁，顺便聊着乱七八糟的事情。

看到苏简晨犹豫不决的样子，我很不爽地敲了他一下，"你还有事情？心不在焉的，不会是想着哪颗星星吧。"

"不是不是。"苏简晨的脸瞬间就红了，"我说了你别生气。"我好奇地飞快点头。

"那个……我觉得你笑起来比哭好看。"他支支吾吾地说出这句话的时候，我一口西瓜汁就喷在了他白色的衬衫上，之后我在高高的围墙上狂笑了半分钟。

我手忙脚乱地帮他擦其实根本弄不掉的西瓜红色，斜眼看他，"是个人笑起来都比哭好看好吗？"

"谁让你经常哭。"我的手不经意碰到他温热的手心，他脸红红地说，我决定逗逗他，现在这么容易害羞又奇葩的男生可不常见了。

"你哪只眼看到我哭了？"我理直气壮地不承认。

"那天老师说你不会背书的时候你哭了，然后全部不会背的人里只有你获得了先回家的资格；体育课的时候班里的女生被神经病老师罚跑两千米，只有你眼睛一眨就落了几滴眼泪，之后你就笑眯眯地看完了她们跑全程，还有……"

"停！"我恨不得把手里的西瓜汁直接扔在苏简晨的脸上，天底下还真的有他那么认真的人，每一个问题都好好地回答，每一件事情都认真地记着，不过下一秒我就原谅了他。

新新世界的人类以为我生气了后，竟然忘记了自己正坐在围墙上，手足无措间便摔到了地上。项津给我打电话时，我正自愿陪着苏简晨在医院里包扎，苏简晨明明疼得龇牙咧嘴，却还在跟眼泪吧嗒吧嗒往下落的我一个劲儿说没事的。

灯光打在他被汗水浸湿的脸上，我突然莫名其妙地有些心疼的滋味。

"沈绿绿，你不会哭了吧？"项津的声音陡然提起，"是不是被人欺负了？我去帮你报仇雪恨。"

"算了吧，我好着呢。"我仿佛看到了电话那头项津的傻样，终于破涕为笑，想了想还是挂上了电话，其实我很想问问把夏子星放在心里的项津，喜欢一个人的感觉，是不是如果他很疼，我会陪着他一起疼呢？

可是夏子星没受过伤，项津肯定不知道。挂上电话，我下意识地望了一眼病床上坐着换药的苏简晨，莫名地想起汪国真的诗，我是一棵树，愿你走来，向我亲密地靠拢。

B面拱手山河讨你欢

和沈绿绿在一起就像是一场梦一样，那么美好，不知道你有没有这样的感觉，喜欢的人坐在身边，一起吃早饭、一起研究不懂的题目、一起参加活动放学后也一起回家。偶尔周末抽出了空闲，我就和她手牵手去逛街，去城市附近玩。

其实把沈绿绿换成夏子星的话，生活和之前并没有什么变化，只是现在比以前多了一点儿，心里有了光亮。沈绿绿是很特别的女孩子，知道她家里的情况后，我有时也会陪她一起捡饮料瓶赚一点儿零花钱。

沈绿绿问我："我说的你都相信吗？"

我理所当然地点头。

"关于我的传言那么多，你就不怀疑我吗？"沈绿绿问这句话的时候，语气里带着一丝我从没见过的紧张，和她像星星一样灿烂的目光融合在一起，我突然明白，喜欢一个人大概就是连同她喜欢的西瓜汁也一并迷恋上。

拱手山河讨她的欢喜。只要她愿意，可是后来我才明白，有些幸福，三四个月就是极限。我们之间的某些误会和付出都没有当面对证，所以可惜没如果，错过就过。

A面我能给你的，最后的美好

夏子星找到我时，苏简晨在学生会开会，我在教室里写作业，说好了放学后一起去捡瓶子换西瓜汁。

我很知足这样的时光，连看到夏子星也顺眼了不少，所以当她开口说出第一句话时，我差一点儿展现已经慢慢收敛的暴烈，一巴掌扇到她脸上。

夏子星说："我知道你是为了帮项津才主动跟我换了

座位，不知道要是给苏简晨看了这个，他还会不顾别人的话相信你吗？"夏子星手里拿着的是项津的手机，页面翻在第一次苏简晨跟我熟悉的第一天。

"那你去说吧。"我不理会她，拿手机想给项津发消息骂他眼光有问题，又想起来项津的手机不在他手里，我不怕苏简晨不相信我，只是我不知道这样的女生还会玩出什么花样来。

"你到底想怎么样？"透过窗户我看到外面的天空被晚霞染成了好看的玫瑰色，就像苏简晨第一次和我说话时脸红起的样子，我眯起眼睛和夏子星对峙，反正这辈子，我沈绿绿不怕任何人。

"你们说什么呢？"苏简晨的声音打断了教室里紧迫的气氛，我惊讶地看见真正的影帝夏子星突然扬起灿烂的笑容转身，原来现实版的回眸一笑百媚生是这样的。好在苏简晨直接忽视了她，对我说："我们走吧。"

我得意地看了夏子星一眼，谁说我沈绿绿不是好人，她眼睛里的光黯淡的那一刻，我竟然很想去安慰她，我深深知道那种黯淡是怎样悲伤的滋味。可是我没想到，夏子星根本不想给我们留一条后路，她的世界里容不下我，也容不下自己。一个女生仗着喜欢的名义去做错的事情，根本就是不洒脱的表现，她不会让自己解脱，只会画地为牢很久都逃不掉。

夏子星好像消停下来了几天的日子，课代表进教室跟我说班主任找之后，又关切地望了我一眼，"你妈妈也在那，你犯什么事了？"

我皱着眉头想了半天也没有答案，这段时间我不仅没有逃课，连成绩都稳步上升了很多，真的没理由被请家长，特别是一般的事情，我妈也不会来学校。

所以等班主任言简意赅说完话后，我突然有了一种欲哭无泪的感觉，苏简晨和项津都说我单纯的时候，我还反驳他们，明明我是大家口中的坏女生，可是这样看来，的确是人外有人，山外有山。

在这所有一点儿早恋风声就要勒令退学的学校，我把全部责任揽在了自己身上，妈妈在旁边忍了又忍，最终还是答应了我说的转学。

"你想转到哪儿呢？"班主任显然更不想失去苏简晨这样拔尖的学生，飞快地认同了我的话，又带着点儿怜悯客气地望着我和妈妈。

"跟妈妈回老家吧。"我很冷静地回答。

走出办公室的那一瞬，我妈突然气急败坏地揪住了我的衣服，"你不是很能哭的吗？你求老师啊，跟班主任保证再也不这样了啊。"我妈叫得声嘶力竭，眼泪哗啦哗啦往下流，我知道对她来说回到曾经的地方有多困难，可是流了太多眼泪的人，真正难过的时候会发现眼泪再也透支不了。

我想从口袋里掏纸巾，却无意中看到手机屏幕亮了几下，我打开，夏子星的头像闪了出来，她什么都没说，只有几张截图。不用说我也知道，夏子星把她自认为的天大秘密告诉了苏简晨。

我顾不上妈妈，也不敢给项津电话，直接跑去了他的学校，好在他们学校松散，我在门口一晃他就跑了出来。

半个小时后，苏简晨惊讶地看着我和项津牵起的手时，我差一点儿崩溃，将所有的委屈和盘托出。于是我在心里给自己最后一次妥协，我想，如果我故意掩饰这场戏，苏简晨选择不相信自己的眼睛，我就克服风风雨雨，拼尽全力陪他到天荒地老。

我松开项津的手，还没开口解释便泪流满面，我想像从前那样撒娇说你看我都哭了，可是没等我张口，苏简晨便铁青着脸扔给我一个字："滚"。

那一瞬间我溃不成军，之后就再也没有以后了。

三天后的火车站，只有项津来送我，他小心翼翼地道歉，说如果不是他也不会发生这种事情，我大大咧咧地摆手，就像那天下午的阳光下我冲他挥手，说包在我身上了。

检票然后离开，我努力了半天居然也没有矫情地哭出来。我知道的，命运如此安排，自有它的精彩。

如果单单是一件事，我还能处理，比如跟苏简晨解释当初走近他的事，又比如，拖着不转学不离开，可是沈绿绿没有哆啦A梦没有铜头铁臂，这些事遇到一起，再加上和她相依为命的妈妈的眼泪，足以让她逃去很远的地方。

B面错过也不想过

其实故事在沈绿绿走后并没有完全结束，她走了，我还在呢。

后来项津来找我，我像从前的沈绿绿那样，把眼泪看得不值钱，听着那首烂大街的《可惜没如果》哭了很久。

夏子星给我发来消息的时候我并没有理她，那件事情我早就知道了，当第一天沈绿绿鬼鬼祟祟在我面前发消息的时候，我就趁她不注意看了她的短信。那时候我还没想那么多，只觉得面前这个女生神采飞扬，像一个灼灼发光的太阳。

后来她心疼又哭得皱着鼻子望着我包扎伤腿的时候，我就不介意她带着目的接近我的事了，可是她不知道。

班主任喊她去了办公室很久，我不放心透过玻璃往里看，发现里面没有她的身影，就预料到了事情的全部，沈绿绿可傻了，她一定会用自己的方式护我周全。于是我用下次联考年级前五名作保证，终于让班主任答应对本来就不过分的我们睁一只眼闭一只眼，这个，沈绿绿也不知道。

我激动得满脸通红想和她分享这份来之不易的喜悦，却怎么都打不通她的手机，直到跑到大街上，心才在一瞬间落进了谷底，从天堂掉进地狱就是那样的感觉，那一瞬间我竟然恍惚地想，原来他们说得一点儿不差。

她走后，我申请了QQ小号看沈绿绿的动态，她的照片依旧神采奕奕，可是却好像缺失了什么。夏天里她喝着西瓜汁的样子成了我心中最美好的梦。

如果有一天，我真的能去找她，她也原谅我当初的暴躁，也许我们还能回到过去？可是连歌里都说了。

那么多如果，可惜没如果，只剩下结果。